こと もの ひと

主体的・協働的な学びを引き出す
学習環境デザイン

3つの視点で
デザインする
国語授業
アイデア 23 CASES

細川 太輔 著

東洋館出版社

▶はじめに

　本書は、学習環境デザインという授業の新しい考え方を提案するものである。筆者は東京学芸大学に勤める以前、私立小学校、東京学芸大学附属小金井小学校で合わせて12年間教員を勤めた。そこでは数多くの研究授業をする機会に恵まれた。ときには1か月の間に3回も4回も研究授業をしたこともある。また著者の教員最後の年である2014年2月には「理解を深め、物語れる力を育む　実感のある学びを生み出す学習環境デザイン」というテーマで、東京学芸大学附属小金井小学校が研究発表会を行った。著者も研究推進としてその理論を作り、研究授業を行った。

　つまり著者が教員として12年間行ってきたことの集大成が学習環境デザインなのである。学習環境デザインとは、教師が子どもに直接教えるのではなく、子ども自身が主体的に友達と助け合って活動しながらも、それでいてきちんと力が付くように環境を通して間接的に支援していこうという考え方である。そのため必然的に子どもの主体的、協働的な学習になる。つまり学習環境デザインは、アクティブ・ラーニングを有効にする考え方と言えるだろう。そのため著者は、今後の国語科教育、いや、学校教育をよりよくしていく考え方であると信じている。

　その積み上げてきた学習環境デザインという考え方や、その考え方を取り入れた実践をまとめたのが本書である。

　Ⅰ章は実践ガイドである。学習環境デザインとはどういう背景から生まれてきた考え方なのか簡潔に説明し、こと、もの、ひとの3つの観点にまとめた。

　Ⅱ章は実践編である。こと、もの、ひとごとにそれぞれどのように学習環境デザインを工夫したのか、その結果、子どもはどうなったのかについて具体的に述べた。

　Ⅲ章は解説編である。学習環境デザインの考え方を詳細に知りたい方向けに理論的にまとめたものである。学習環境デザインの考え方をすると、どのように国語科教育が変わるのか考察した。

　Ⅰ章、Ⅲ章は中堅・ベテランの先生方向けに、ご自分で学習環境デザインの考え方を用いて授業を考えていただけるようにした。Ⅱ章は若手の先生方や学生向けに具体的に指導事例を示し、授業のイメージが湧くようにした。

　中堅、ベテランの先生はもちろんのこと、学生や若手の先生方にも読んで頂けるように工夫したつもりである。いろいろな方に手にとって頂き、子ども主体の学習について考える一つの足場に本書がなれば幸いである。

▶ もくじ

第Ⅲ章　解説編

第 I 章

「学習環境デザイン」実践ガイド

　第Ⅰ章は学習環境デザインについて概説する。まず、学習環境デザインが必要とされる背景、学習環境デザインには「こと」、「もの」、「ひと」の3要素があることなどを述べる。次に1つの事例を取り上げ、学習環境デザインを用いた授業がどのようなものなのか、具体的に説明する。学習環境デザインとはどのような考え方なのか、読者の方にイメージが伝わり、学習環境デザインを取り入れた授業を考える際の参考になれば幸いである。

これから必要な能力とは

　昨今、21世紀型能力や、アクティブ・ラーニングなど、子どもが主体的に学習することが求められるようになってきている。なぜそのような能力が求められるようになったのだろうか。

　それには大きく分けて2つの理由が考えられる。

　1つは、世界の産業構造が変わってきているからである。工業が中心の時代、つまり20世紀までは、マニュアルを正確に読んで、それをそのまま実行することが求められていた。そこでは問題を見つけて解決するような能力は労働者には求められず、かえって経営者からは文句を言う邪魔な能力として考えられていた。

　しかし産業の中心が工業から情報化社会、日本では知識基盤社会ともいわれているが、産業構造が大きく変わってきた。筆者はアメリカのサンノゼに視察に行ってきた。サンノゼはシリコンバレーと呼ばれているところで、マイクロソフトやインテル、アップルやグーグル、フェイスブックなどの本社がある地域である。その社会で必要とされている力は、自ら問題を見つけ、それを解決していく能力であった。実際OECDは次のようなデータを示している。

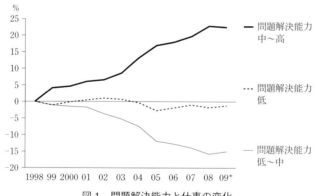

図1　問題解決能力と仕事の変化

http://www.slideshare.net/OECDEDU/how-to-best-shape-teacher-policies-by-andreas-schleicher

　このデータによるとアメリカではこの10年の間に問題解決能力が求められる仕事が増え、逆に問題解決能力があまり求められていない仕事は、低レベルは変わりがないものの、低〜中レベルは大きく減ってきている。このことからも今の子どもたちには知識をたくさん蓄えるというよりは、自分で問題を見つけ、問題を解決していく思考力が求められていることがわかる。

　情報化社会によって社会の変化が急激になり、今ある仕事が、子どもたちが大人になったときに存在しないというデータもある。アメリカの学者オズボーンはコンピュータの発達により低技能の職種が大きく減少するので、創造的で社会的なスキルを育てる必要があると主張している。

　このデータによると47％の仕事が機械に取って代わられる危険が高いとされ、そ

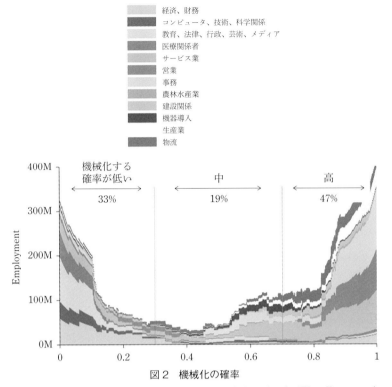

凡例:
- 経済、財務
- コンピュータ、技術、科学関係
- 教育、法律、行政、芸術、メディア
- 医療関係者
- サービス業
- 営業
- 事務
- 農林水産業
- 建設関係
- 機器導入
- 生産業
- 物流

図2　機械化の確率

http://www.oxfordmartin.ox.ac.uk/downloads/academic/The_Future_of_Employment.pdf

の仕事はサービス業、営業、事務、生産業とされている。

　これらのデータはすべてアメリカのものだが、近い将来日本も同様な状況になることが予想される。もはや学校は知識を教える場所ではなく、新しい社会に対応できる能力を育てる必要があるのではないだろうか。

　もう一つはグローバル社会になりつつあるということである。世界では多様な文化、考え方の人が協力して仕事をすることが必要になってきている。筆者が視察に行ったサンノゼは世界中から労働者が集まっているので、地元の小学校の中には子どもが 20 の言語を話しているような学校もあった。多様な価値観を共有し、認め合いながら、新しい知識を生み出すような能力が求められている。

2 21 世紀型スキル

　そのような社会の変化に伴い、新しい学力観である 21 世紀型能力が提案されるようになってきた。その１つに、21 世紀型スキルがある。21 世紀型スキルとは、現代という新しい社会に対応するための能力である。最初に 21 世紀型スキルを提案したのが P21（partnership for 21st skills）だ。P21 は次ページの図のように 21 世紀型スキルを提案している。

　21 世紀型スキルには、生活・仕事に関するスキル、学習に関するスキル、情報化

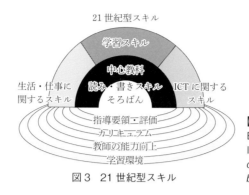

図3　21世紀型スキル

【出典】
Bernie Trilling & Charles Fadel（2009）*21st century skills, Jossey-bass.*

や科学技術に関するスキルがある。その中で特に学習に関するスキルでは、批判的思考力、創造力、協働する力、コミュニケーション能力が求められている。3R's と言われる読み書き計算をもとにしながらも、子どもたちは自分たちで問題を見つけ、多様な他者と協働しながら集団で自ら新しい知識を創造していく能力が求められている。

▶3 21世紀型能力を育てる学習環境デザイン

　このような21世紀型能力を育てるにはどうしたらよいのだろうか。子ども自らが問題を見つけて新たな知識を生み出すようにしなくてはならない。もはや教師が一方向的に正しいとされる知識、国語でいえば話し方・聞き方、書き方、読み方を教えるのでは当然そのような力は付かない。そのためには上の図にも書かれている、学習環境デザインという発想が必要である。

　学習環境デザインとは子どもが夢中になって主体的に活動している際に、きちんと力が付くように授業に仕掛けをしておくことである。学習環境といえば、机や ICT といった「もの」を想像する方も多いだろう。しかし、筆者は学習環境デザインには次の3つの要素があると考えている。

⑴ 「こと」（活動）

　「こと」とは主に、いわゆる言語活動を意味する。なぜこの文章を読まなければならないのか、なぜ文章を書かなければならないのか、子どもに目的をもたせる必要がある。また、子どもの書きたい、読みたい、というような意欲を引き出していく必要もある。言語活動が子どもの学習に不可欠な理由は、ここにある。

　子どもの意欲を引き出し、具体的な目的意識をもたせ、子どもの主体的な活動になるように言語

図4　「こと」の例

活動をデザインすることが重要である。また具体的なコミュニケーションになるように、言葉だけの学習にならないように実の場と結び付いた言語活動にすることも有効だ。ここでデザインするのは教師が中心だが、子どもが主体的になってくれば子ども

自身が活動を考えることもある。

⑵ 「もの」（空間）

　子どもが主体的な活動をしていても、その活動の中で教師が願う力が付かなければ国語の単元としては価値がなくなってしまう。そこで子どもたちの力が付くように様々な「もの」を配置していくことが必要である。例えば並行読書用に子どもの実態に合った本を用意したり、いつでも取材できるように具体物を側に置いたり、子どもが学習しやすいように例文や教室掲示をしたりすることで、子ど

図5　「もの」の例

もの活動の中に学習が成立するよう、ある程度コントロールができる。

　また最近では ICT を用いて、子どもの考えたことを見えるようにしたり、考えることに集中させたりすることで、子どもの学習をより豊かにすることも可能になっている。

⑶ 「ひと」（共同体）

　子どもは1人で学んでいるのではない。また常に教室全体での話し合いが有効とは限らない。なかには少人数で学んだ方が効果的な場合もある。少人数でも2人がいいのか、3人がいいのか、4人がいいのか、その活動に合うように考えていく必要がある。また、2人でもどのような組み合わせがいいのかという、組み合わせの問題もある。

図6　「ひと」の例

　また国語科の学習ではコミュニケーションが大切なので、単元の最後に、誰かに伝えることが多くある。その伝える相手を誰にするのかによっても、子どもが学習するものが変わってくる。

　クラスを、コミュニケーションがリラックスしてできるような関係にしておくような学級経営も、「ひと」の大切な学習環境デザインであることは言うまでもない。

⑷ 学習環境デザインのポイント

　以上、学習環境デザインの3つの要素を紹介してきた。次に、学習環境デザインをする際のポイントは以下の2つである。

　1つはサプリメント方式である。子どもの主体的な活動の中に学習になるように学習環境デザインをすることである。イメージとし

図7　学習環境デザインのイメージ

ては大好きな料理でも栄養が足りない場合にサプリメントで栄養を足すイメージである。例えば子どもが好きなおもちゃで遊ぶという活動に、説明書を書くというサプリメントを付け加えて、国語科の力が付くようにすることが考えられる。生活科や総合的な学習、宿泊などの学校行事で子どもが主体的に活動する中に、国語科の力が付くように学習環境デザインをしていくことも有効な方法である。

　もう1つはドレッシング方式である。力が付くような活動を子どもがしたいと思うようにしていくことである。イメージとしてはおいしくて栄養のある野菜にドレッシングをかけてもっとおいしくするようなイメージだ。例えば子どもがお気に入りの一文を選んで書き抜くことは力が付く活動なので、それを子どもがしたいと思うように図工と結びつけたり、友達に紹介したりすることを付け加えることで、子どもの主体的な活動になる。教師が活動を子どもに「～しよう」と言うのではなく、子どもに「～したい」と言わせるような教師の手立てが必要であろう。

④ 学習環境デザインを使った学習

　それでは実際に学習環境デザインを使った学習はどのようなものになり、子どもはどのようなことを学習するのだろうか。ここでは1つの実践をもとに考えていく。

⑴　実践の概要
・単元名　　2-2 ふれあい動物園を作ろう
　　　　　　―友達が動物とふれあいたくなるようなガイドブックを作ろう―
・単元目標
　○ 相手に伝わるように、工夫しながら説明書を書こうとする。
　　（国語に関する関心・意欲・態度）
　○ 相手に伝わるように、順序に気を付けて簡単な構成を考える。（B（イ））
　○ 自分の伝えたい内容が、この言葉や図で本当に伝わるのかどうか考えて書く。
　　（思考力・判断力・表現力）
　○ 伝えたい内容と言葉の結び付きを考えながら、言葉を選ぶ。（伝国　イ（ア））

⑵　「こと」デザイン
① 子どもが主体的に取り組む活動
　いきなり活動を始めるのではなく、子どもたちから「書きたい」という思いを引き出し、そこから活動を始めていく。

　2年2組では、4月からうさぎ、モルモット、ハムスター、ウーパールーパーなどの生き物を飼育し、大切に育ててきた。命の大切さを教えるためにクラスで飼育していたのだが、子どもたちの

図8　子どもの書いたノート

中に動物をもっと集めて動物園を開きたいという声も聞こえてきた。ある子どもが「2-2 はふれあい動物園みたいだね」と言ったので、「2-2 ふれあい動物園」の活動が始まった。

しかし、動物園を開くには数が足りない、と教師が返すと、「ザリガニをつってくるよ」「ぼくの家にはカメがいるよ」「家のインコを持ってくるよ」「知り合いの動物園の人に借りられるよ」と子どもたちが動物を持ってきて、動物園づくりの準備が整い始める。

動物園の準備が整うのと並行して　授業でおもちゃの説明書を書いた直後に、図8のようなものを書いてきた。クラスで飼っているうさぎのプロフィール帳である。身の回りにいる動物を紹介したいという気持ちが子どもたちの中で高まり、それがおもちゃの説明書という学習で書き方や書く喜びを知ったこととつながって、子どもがプロフィール帳を書いたのだと考えられる。

② 子どもにとって書く力が付く活動

2点目は、書く力を付ける活動にするということだ。筆者は生活科の学習と国語科の学習を結び付けた学習を考えた。

動物の説明を書きたい、という子どもの思いは十分に高まっている。問題はその活動でどのような力を付けるのか、ということだ。子どもの主体性を引き出す学習環境デザインとしては動物の説明は十分魅力的だが、動物の説明をするだけではおもちゃの説明書を書くのとあまり変わらなくなってしまう。

ドレッシングは十分なので、後はサプリメントをどうするかだ。そこでガイドブックづくりに取り組むことを考えた。説明書のように手順や図を使って説明することはそのまま生かしながら、それに相手がふれあいたくなるような工夫をして書くということを付け加えることにした。生き物は触るのが苦手な子どももいるし、得意な子どももいる。苦手な人もふれあいたくなるような書き方を工夫することで、相手意識をもって書く力が付くのではないかと考えた。

旭山動物園と多摩動物園のガイドブックを教室に置いておくと、子どもが自然と読み出し、「先生、2-2 ふれあい動物園のガイドブックを作りたい」と子どもが言い、クラスの全員がそれに同意したのでクラスでガイドブックを作ることになった。

③ 書くことが好きになる活動

子どもが書いた説明書を実際に使うことで、子どもに相手意識・目的意識を明確にすることができる。説明書を同じ学年の友達や1年生にふれあいに来てもらうという活動をゴールに設定した。実際に友達が説明書を読み、ふれあいに来てくれたらそれはとてもうれしいはずだ。それは書いてよかった、書いたことが役に立ったという書くことの有用感につながり、また書きたいという思いを引き出す。

(3)「もの」デザイン
① 実際の生き物

子どもが実際にガイドブックを書く際に、または交流して表現を吟味する際に、近くに生き物を置いて、いつでもふれあえるようにした。実際にふれあいながら書くこ

とで、生き物の特徴やふれあい方を確認しながら書くことができるし、わからなくなったらいつでも取材することもできる。そのことにより、言葉だけの言葉ではなくて、実際と結び付いた言葉で書くことができる。

　書くことの学習は、取材、構成、記述、推敲、交流と学級全体で段階を踏んで進んでいくことが多いのだが、子どもが必要なときにいつでも前の段階に戻っていくことができるようにした。そのことにより、教師のペースで学習を進めるのではなく、子ども自身が今、何をすべきなのか、考えながら学習を進めることができた。自分で図書室に行き、図鑑を調べに行く子どももいた。

図9　いつでも動物とふれあえる

② **デジタルカメラ**

　子どもにデジタルカメラを持たせ、動物のふれあい方がわかる写真を撮らせた。動物とのふれあい方を伝えるには文字だけでは限界がある。やはり、写真や図を交えた非連続型テキストで表現することが重要だろう。子どもは、デジタルカメラで説明に必要な写真を撮っていた。

図10　自主的に図書館へ

③ **電子黒板**

　この授業では電子黒板を多用した。子どもの書いた作品や教師の例文を電子黒板で写し、子どもが書く前に書くポイントについて

図11　デジタルカメラの活用

話し合った。子どもたちはどう書くか困ったときなどに電子黒板を見て、参考にしていた。

⑷　「ひと」デザイン

① **同じ動物担当のペア**

　生き物を17種類用意できたので、2人組で1つの生き物を調べてガイドブックを作成することにした。一人一人自分の説明書を書いているが、いろいろな場面で、2人で協力して書くことで、書くことに困った際に相談できるようにした。授業中も静かにするというよりは、気楽に相談できるような雰囲気を心がけた。

② **その生き物が苦手な人とのペア**

　書き直すべきことがあるかどうか、交流する際には、必ず一度はその生き物が苦手な友達にもふれあってもらうことにした。①でつくったペアを半分に分け、A組とB組とする。A組が担当のときは、B組がガイドブックを読んで、生き物にふれあい、

A組のガイドブックをよくしていく。B組は45分の中で20分ずつ2種類の生き物にふれあう。B組の子どもは、子どもによって苦手な生き物が異なるが、A組の子どもにとって、少なくとも一度は苦手な動物にふれあってもらえるように設定した。A組の子どもは、自分の担当している生き物は得意なので、苦手な人の気持ちに気がつかないこともある。苦手な人でもふれあってもらえるようにするために工夫をした。

動物	ウーパールーパー
子ども	さとみ （相手　前半けんた・後半ゆうた）
子どもの実態	○ふれあいのときの説明がとても詳しく書けている。苦手な人向けにも初めはこわくて触れませんでした、と書いて配慮している。また特徴も色などについても詳しく書いてある。
教師の願い	★ゆうたとの交流で図を使って説明することに気づかせたい。またゆうたはウーパールーパーが苦手なので、ゆうたの動きを見て、苦手な人の気持ちを考えてほしい。

表1　座席表指導案

　具体的には表1のような座席表指導案を全員分作り、活動の中で学習が起こるようした。

⑸　子どもの学習の結果

　子どもたちは交流を通して自然と文章に向き合い、文章を直していた。例えば次のような場面があった。

> ゆうた　ねえ、骨ないの？　ウーパールーパー。
> さとみ　え、そうだ。ちょっと待って。骨はわからないけど歯はない。歯はない。かまない。
> ゆうた　丸呑みするのかよ。
> さとみ　だってこれ1つぶだけだよ。（えさを持ちながら。）
> さとみ　（「歯がないので1つぶずつあげて下さい。」と書き足す。）

　この場面では、ウーパールーパーをさわったこともえさもあげたこともないゆうたに、さとみが、歯がないことを伝える。するとゆうたがえさを丸呑みするのかと驚き、その反応を見たさとみが、えさを多くあげすぎると食べきれなくなって水がくさってしまうので、「歯がないので、1つぶずつあげてください」と書き足したのだ。このように教師が書き方を教えるのではなく、子どもが自然と気付くように学習環境デザインすることで、子どもの主体的な学びにつながる。

　子どもたちに学習が終わった後アンケートを行った。子どものアンケートの結果は以下のようであった。

> ○ふれあい動物園は楽しかったですか？
> とても楽しかった　31名　　　楽しかった　3名
> ○ガイドブックは役に立ちましたか？
> とても役に立った　20名　　　役に立った　14名

○またガイドブックを書きたいですか？

とても書きたい　22名	書きたい　10名	あまり書きたくない　2名

　あまり書きたくないを選んだ子ども2人に理由を聞いたところ、楽しかったが、書くのが大変だったという感想であった。いずれにせよ多くの子どもが学習を楽しみ、書いたことが役に立った、有効であったと思ったようだ。

　実際ガイドブックを読んだ後、他クラスの2年生は次のような感想を言ってくれた。

・クワガタに挟まれそうでこわかったけれど、真ん中のところを持つようにと書いてあって、触ることができた。

・インコのつめはいたそうだったけれど、説明書に少し痛いだけと書いてあって、そのつもりで触ったのでこわくなかった。

　子どもたちの工夫が伝わり、それによって苦手だった友達が触ってくれた。2年生にとって書くことの有用感が伝わる学習になったことはまちがいないであろう。

5 学習環境デザインの効果

　このように学習環境デザインを使った授業では子ども主体の授業となり、子どもたちが主体となって問題解決を行う。そのため意欲も高まり、国語科の学力は当然のこと、自ら問題を見つけ、解決する力も身に付く。このような学習環境デザインを通して主体的に国語科学力、21世紀型能力を身に付けることができると考えている。

第II章

実践編

　第II章は第I章で概説した学習環境デザインの考え方をもとに実践例を紹介する。これはすべて著者が行った実践である。どの実践も「こと」、「もの」、「ひと」の3要素をデザインしてあるが、「こと」デザインを重視した実践を9つ、「もの」デザインを重視した実践を8つ、「ひと」デザインを重視した実践を6つ紹介する。読者の方が授業する際の具体的なイメージになれば幸いである。

本を読んで音読劇をする言語活動

単元：「お手紙」で音読劇をしよう（2年生）

▶ 育てたい力、意欲

○ 本を読む楽しさに気付くこと。
○ 語のまとまりや言葉の響きなどに気を付けて音読すること。C（ア）
○ 場面の様子について登場人物の行動を中心に想像を広げながら読むこと。C（ウ）

▶ 学習環境デザインのコンセプト

　今回の学習環境デザインでは、子どもたちが楽しみながら登場人物の行動を動作化するために、何度も本を読むことをねらった。本文を何度もグループで読み合いながらそれを動作化して表現する。その表現をもとに、グループ内、またはグループ同士で交流し、その表現に工夫を付け加えていく。音読劇という学習環境を通して、子どもたちに言葉だけの言葉、音だけの言葉ではなく、具体的なイメージのこもった言葉を使うことができるようにすることもねらっている。

▶ 単元計画　　▶ 単元のゴールイメージ

次	内容	時間
0次	ローベルの絵本を並行読書で読む。	
1次	絵本の読み聞かせを聞き、お面を作る。	1時間
2次	音読劇を考える。	5時間
3次	クラスで発表会をする。	1時間

図1-1　音楽劇を友達の前で発表している

学習環境デザインの3つの視点

「こと」デザイン　音読劇という言語活動

「もの」デザイン　お面

　　　　　　　　　背景・小道具

　　　　　　　　　並行読書用の本

「ひと」デザイン　劇をする5人組

　　　　　　　　　劇を見せる相手はクラスの友達

ごとデザイン　・音読劇をする言語活動

▶ **活動　場面ごとの音読劇**

　今回は「お手紙」を6つの場面に分けて音読劇の練習を行った。最初に2人で座っている場面、かたつむりくんにかえるくんが手紙をわたす場面、かたつむりくんを待っている場面、かえるくんががまくんに手紙を読んでいる場面、2人で手紙が届くのを待っている場面と手紙が届く場面である。それぞれの場面を劇にしていくと、それぞれの場面にどう劇にしたらよいのか迷う場面が出てくる。例えば以下のポイントが考えられる。

・2人とも悲しい気分で、げんかんの前にこしを下ろした、とはどのような状況か。

・かたつむりくんはどのようなスピードで動いたのか。

・かえるくんの、窓から郵便受けをみる→（1回目の）窓からのぞきました→（2回目の）窓からのぞきました、という動きの変化はどうなのか。

・手紙をどのように読んだのか。

・2人でげんかんに出て、手紙の来るのを待っているときにどのようなことを話したのか。

　劇をする中で自然と子どもたちは考えるべきポイントに気付き、それをグループ内や他グループとの交流の中で吟味し高めることができる。

　例えば以下のような活動が見られた。

▶ **音読や動作化の工夫**

　かえるくんがどのように手紙を読んだのかは、本文にははっきりと書かれていない。しかし、かたつむりくんを待ちきれない様子、がまくんに手紙が来るかもしれないと言っていたのに、とうとう自分で出したと言ってしまった様子など、様々とところから手紙の読み方を想像することができる。ただ想像しているだけではそれが具体化できないので、実

図1-2　かえるくんが外の様子を見る様子を体で表現している

際に音読劇にして表現することで解釈が広がってくる。「きょうは、だれかがきみに
お手紙、くれるかもしれないよ」と言うかえるくんのせりふは、だんだんがまくんに
近付きながら言ったのかもしれないし、窓のところで郵便受けを見ながら言ったのか
もしれない。またがまくんがかえるくんと一緒に窓の外を見ている絵が描かれている
が、いつからがまくんはベッドから出て立ち上がって窓の側まで行ったのか。劇化す
ることで、子どもたちはお話から想像したこと具体化することができ、解釈の広がり
が見られるようになった。

もの デザイン
・お面
・背景や小道具
・並行読書用の本

▶ おめん

　登場人物に必要なお面を作ることにした。
お面を作ることのねらいは大きく分けて3つ
ある。1つは登場人物を明確にすることであ
る。何のお面を作ろうか子どもが考えたとき
に、子どもは自然と登場人物は誰かについて
明確にする必然性が生まれると考えた。子ど
もたちはがまくん、かえるくん、かたつむり
くんのお面を作っていた。

図1-3　お面を作っての音読劇

　もう一つの理由は、お面をかぶることで登
場人物になりきり、子どもの意欲が湧くということである。子どもたちはお面をかぶ
りながら本を読んだり、劇の練習をしたりしていた。お面を作ることで子どもの劇へ
の意欲が高まっている様子を見ることができた。

　3つ目はお面をかぶったほうが見る方がわかりやすいということである。音読劇を
見せ合う際に、お面があったほうが誰のセリフかすぐにわかり、グループ同士の交流
を活発にすると考えた。

▶ 背景や小道具

　活動が本格的になってくると、子どもたちの意欲も高まってきて、背景や窓、郵便
受けなどの小道具を作りたいという声が子どもから出てきた。

　最初は小道具を作らせる予定はなかったが、子どもたちからの作りたいという声を
聞き、想像を広げることに有効であろうと判断し、作ることにした。学習環境デザイ
ンは教師が子どもを観察して主体的な活動の中に学びを生み出すことが主であるが、
子どもたちが主体的になると、子どもたち自身が学習環境デザインを行うようにな
る。子どもが主体的になると活動に何が必要なのか子どもたち自身が判断することが
できるのである。

　ただ、小道具を作る時間は国語の時間内にはとらないようにし、休み時間に作るよ

うに伝えた。国語では劇をすることに集中してほしかったからである。しかし休み時間を自主的に返上してどのグループも小道具を作成していた。

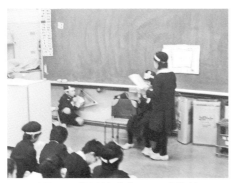
図1-4　「まど」を作っての音読劇

図1-5　自ら背景を作っている

▶ 並行読書用の本を用意する

　教室に「お手紙」のほかにも様々なローベルの本を用意して自由に読めるようにした。そのことで子どもの読書への興味を引いたり、劇の中の表現に生かしたりできるようにした。例えばがまくんとかえるくんの最初の場面で、「さっきはわらってごめんね。」と前のお話のストーリーを意識したセリフを付け加えたグループもあった。

びとデザイン　　・劇をする５人組
　　　　　　　　　　・クラス内での交流

▶ 劇をする５人組

　今回は劇を５人組で行うことにした。その理由としてどの子どもも活躍できるようにしたということが挙げられる。登場人物としては、がまくん、かえるくん、かたつむりくんがいる。それに合わせてナレーターが必要だが、ナレーターの読むところがとても長くなるのでナレーターを２人にして、読むところを半分にした。かたつむりくんはセリフは短いが、重要な工夫が必要であるので、担当の子どもが十分やりがいをもって取り組めると判断した。

▶ クラス内での交流

　今回はグループ内の交流だけではなく、適宜グループ同士の交流も行った。授業中に劇がある程度できたところで、お互いに見せ合う時間を取り、自分たちとは異なる表現があることに気付き、自分たちの表現に生かせるようにした。また劇の発表会はクラス内での発表にした。クラス内で見せ合うことで、同じお話を考えたからこそ出てくる高度な感想が生まれると考えた。

2 手紙を書いて伝える活動

実践編1「こと」

単元：ぼく、わたしの「きらり」を教えるよ（2年生）

▶育てたい力、意欲

○ 手紙のよさに気付くこと。
○ 取材した事柄の中から手紙に書くことを決めること。B（3）
○「はじめ・中・おわり」に気を付けながら手紙を書くこと。B（イ）

▶学習環境デザインのコンセプト

　今回の学習環境デザインでは手紙を通して自己肯定感を高めること、そのことを通して手紙のよさを知り、今後も手紙を書いていきたい、という意欲を高める活動にすることを重視した。また手紙というメディアの特質上、簡単な構成や書く内容を選ぶことが必要になってくる。それを手紙というメディアで自然に子どもに気付かせていきたい。また手紙を書く相手を保護者にした。子どもが一番ほめてほしい相手、認めてほしい相手は保護者であろう。活動の最後に保護者に手紙を渡し、保護者から返事をもらうことを設定し、子どもの相手意識、目的意識を高めることをねらった。

▶単元計画　　▶単元のゴールイメージ

0次	1次	2次	3次
教師と手紙ごっこをしている。	友達のよさを手紙に書いて交換する。	保護者宛に手紙を書く。	保護者から返事をもらう。
	1時間	3時間	1時間

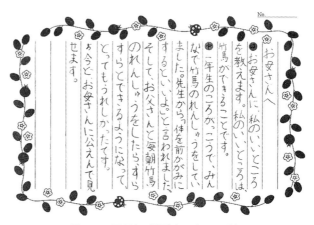

図1-6　子どもが保護者に書いた手紙

> **学習環境デザインの3つの視点**
>
> 「こと」デザイン　3種類の手紙を交換する言語活動
> 「もの」デザイン　便せん用紙
> 　　　　　　　　はじめ・中・おわりシール
> 「ひと」デザイン　感想を交流する友達
> 　　　　　　　　手紙を交流する保護者

 デザイン　　・3種類の手紙を交換する

▶ **活動1　友達と手紙を交流する言語活動**

　まず友達宛に手紙を書くことにした。この手紙は短いもので、相手のよいところを伝えるものである。この際は気楽に友達のよいところを伝えるようにした。

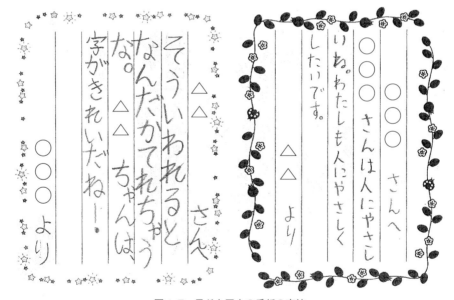

図1-7　子ども同士の手紙の交流

▶ **活動2　教師と手紙を交流する言語活動**

　次に教師に向けて自分のよいところを伝える短い手紙を書く。前時の友達とのやりとりで手紙のよさを感じているはずである。そこで次は自分のよさを教師向けに短い手紙で伝える。なかなか自分のよいところを見付けることができない子どももいるが、その際は友達からもらった手紙を参考に考えさせる。この活動で自分が伝えたいよいところを1つ選ぶことができる。

▶ **活動3　保護者と手紙を交流する言語活動**

　教師は子どもに返事を書いて手紙を渡す。

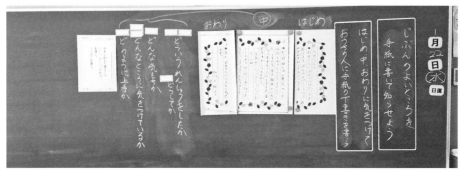

図1-8　「中」に何を書くか気付かせる

図1-9　保護者からの手紙にわくわく

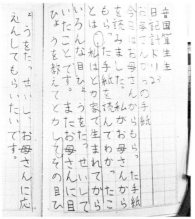

図1-10　子どもの日記

　しかし、そこで教師はもっと知りたいことを返事に書いておく。子どもにどんな返事が書いてあったかを発表させ、書き足りないことがあることに気付かせ、それをどこに書いたらよいのかを考えさせる。

　そこで拡大した手紙を切り、具体的なことを書いた中を差し込む。そのことで子どもに中に何を書けばよいのかわかるようにするのである。最終的には保護者に手紙を渡し、授業参観のときに返事を子どもに渡してもらった。子どもたちはどきどきわくわくしながら手紙を読み、歓声を上げていた。

　また子どもたちの中にはそのことを日記に書いた子どももいる。保護者との心温まるやりとりがあったことが想像できる。子どもたちはこの活動を通して自分のよいところを保護者に認めてもらい、自己肯定感が高まったことに違いない。

デザイン　・便せん用紙
　　　　　　　　　　　　　　・はじめ・中・おわりシール

▶ 便せん用紙

　便せん用紙は2種類を用意した。1枚は短い手紙用で、いいところしか書けないように5行の便箋にした。また返事がすぐわかるように図1-7のような往復の返事つきの便箋にした。

　もう1枚は長い手紙用で、17行の便箋にした。そこでは中にくわしく理由などを書けるようにした。また短い手紙と長い手紙の外枠を同じにし、後で広げられるようにした。

当然教師がつくった例文も途中で切ってもつながるように行の切れ目なども考慮した。

▷ はじめ・中・おわりシール

「はじめ・中・おわり」を意識させるために、「はじめ・中・おわりシール」を活用した。はじめを書くときに、はじめシール、中を書くときは中シール、おわりを書くときはおわりシールを貼って簡単な構成を意識させるようにした。「はじめ・中・おわり」を意識するように指導しても低学年児童はなかなか意識することができない。しかしシールを貼ることで、自然と１マスあけることになり、段落意識をもつことができる。またシールをもつことで、これから中を書くぞ、おわりを書くぞ、という構成意識も自然ともつことができると考えた。

びとデザイン ・小グループ
・子どもが書く力、意欲を高める読み手

▷ いいところを伝え合う小グループ

先述したように、最初に友達のよいところを伝え合う活動をした。そのことで、自分のいいところがわかったり、手紙を書く意欲が高まったりする。ただその際に誰にももらえない子どもが出ないように、５人組をつくってその中で友達にいいところを伝え合うようにした。５人組で交流が終わった後であれば、手紙に意欲的になっているので、誰からももらえない子どもは出ないと考え、グループ内の交流後は自由に手紙の交換ができるようにした。

▷ 子どもが書く力、意欲を高める読み手の設定

今回の活動では相手を友達、教師、そして保護者というように変えていった。それには２つの理由がある。１つ目の理由は書く意欲を高めるためである。子どもが一番自分の成長を伝えたいのは保護者であろう。そのため最終的には保護者相手に書くことにした。しかし手紙のよさを実感する前にいきなり保護者相手では書けない子どもも出てくると考えた。そこで、最初に友達同士で気軽に交流をし、手紙の楽しさを実感させることで、手紙を書く意欲を高めて単元を始めることにした。

２つ目に、手紙の書く力を段階的に付けていくことをねらったからである。いきなり長い手紙を書くのは難しく、しかも保護者や友達相手に指導のポイントを押さえた返事をもらうのは不可能である。そのために保護者に書く前に教師相手に短い手紙を書き、教師がそこから詳しく書いてほしいところを質問する返事を書くことで、子どもが中を詳しく書くことの必然性に気付くようにした。

教師と保護者では書く内容が違ってくるという指摘もあるだろう。確かに実際に子どもの中でも書く内容を変えた子どももいた。しかし、書く内容を変えた子どもは「はじめ・中・おわり」を意識してすぐに手紙を書き直すことができ、書く力が付いたことが確認できた。書き直してもよいとすることでその欠点は克服できると考える。

実践編1「こと」

3

身の回りの言い伝えを調べて発表する言語活動

単元：言い伝え紙しばいを作ろう（2年生）

▶育てたい力、意欲

○ 神話・伝承に興味をもつこと。
○ 経験したことや聞いたことをもとに、書くことを決めること。B（ア）
○ 神話・昔話を通して言葉の時間的なつながりに気付くこと。伝国ア（ア）

▶学習環境デザインのコンセプト

　今回の学習環境デザインでは子どもたちが身の回りの言い伝えを調べ、それをもとに紙芝居にすることで、言葉は昔から引き継がれているものであることに気付くことをねらった。紙芝居にすることで自分たちの身の回りにある言い伝えをまとめることになり、それを発表し合うことで身の回りにあるいろいろな言い伝えがあることにも気付くようにした。

▶単元計画

			時間
3次	クラスで発表会をし、感想を交流する。		1時間
2次	言い伝え紙芝居を作る。		3時間
1次	家で言い伝えについて調べてくる。		自宅学習
0次	学校に伝わる言い伝えを知る。		

▶単元のゴールイメージ

火事でにげたほとけさま
　五月十五日ぶばいがわらの戦いで、新田ぐんはかまくらぐんにまけてしまい、国分寺に火がついてしまいました。国分寺のたてものは炎につつまれてくずれおちました。火がおさまったあと、お寺の人がお寺のうらにまわると、ほとけさまと十二しんしょうが、お寺にあったときと同じようにあったのです。ほとけさまは自分の力でにげたのでした。

図1-11　言い伝え紙しばい

```
┌─ 学習環境デザインの3つの視点 ──────────────────┐
│  「こと」デザイン　言い伝えを調べて発表する言語活動          │
│  「もの」デザイン　紙芝居                         │
│　　　　　　　　　　地域の図書館                      │
│  「ひと」デザイン　紙芝居を見せ合うクラス内ペア           │
└────────────────────────────────────┘
```

ごとデザイン　・言い伝えを調べて発表する言語活動

▷ **生活科とつながる活動**

　筆者は学校探検の際に、学校のグラウンドにある「豊島のイチョウ」の話を子どもたちにした。子どもたちは「豊島のイチョウ」という木があることは知っていたが、なぜそのように言われるのかはわかっていなかった。そのイチョウには附属小金井小の前身である豊島師範学校からの古い言い伝えがある。戦争のときに校舎を守るようにして半分焼けてしまったが、そこから元気に緑の葉を出して子どもたちを元気付けたこと、豊島のイチョウの歌が作られ子どもたちが楽しく歌っていたこと、昭和38年にやさしさとたくましさを身に付けてほしいという願いから小金井小に移植されたことを伝えた。

図1-12　豊島のイチョウ

　また生活科の町探検では「力石」を神社に見つけ、どうして「力石」というのか興味をもった子どもが多くいた。このように学校や周りの町にはそれぞれ言い伝えがあり、それが残っていることに子どもたちは自然と気付いていった。子どもたちの気付き、何でこのように言われるのだろう、という疑問をもとに、単元を始めていった。

　本単元の導入では、言い伝えが実は身の回りにたくさんあるということ、それが伝わらなくなっていることを子どもたちに実感させ、調べてみたい、伝えたいという気持ちを子どもがもてるようにした。

▷ **家で調べてくる活動**

　言い伝えを自分で家に帰って調べる活動を取り入れた。おうちの人に聞いてごらん、と学校で投げかけたので、子どもたちは保護者の方、またはおじいさん、おばあさんに聞いて調べてきた。保護者の中には一緒に調べてくださった方もいた。そのことで子どもたちは自然と言い伝えを伝え合う共同体の一員となり、子どもは言い伝えを聞くことになる。子どもたちは言い伝えを受け継いだ実感をもち、それを今度は伝える立場になるのである。この調べる活動を通して、言葉のもつ時間的なつながりを子どもは体感できるのである。

▶ 言い伝えを伝え合う活動

　最後に言い伝えを伝え合うことにした。自分たちが調べてきた言い伝えを実際に友達に伝えるという役割を果たしたことで、言い伝えを伝えられた喜びを感じ、また自分が何気なく使っていた言葉でも昔から引き継がれた伝統があることに気付いたようである。子どもの感想に以下のようなものがあった。

・わたしは、身の回りのものを「小金井だ」「ぜんぷくじ川だ」などと意味のないものだと思っていました。ですが、これからはちゃんと心をこめてものをよぶようにします。自分の地いきのでんせつ、言い伝えがよく知れたので、楽しかったです。それともっとでんせつ、言いつたえを知りたくなりました。

・ぼくが言いつたえのべんきょうをして思ったことは、身のまわりにあるものがいろいろなことがあって、できているということです。友だちと紙しばいをこうかんしたときに、知らないものがたくさんあり、少しもの知りになった気がしました。これからもいろいろな言いつたえを教えていきたいと思います。

もの デザイン　・紙芝居
　　　　　　　　　　・地域の図書館

▶ 紙芝居

　今回は紙芝居で発表することにした。それには2つ理由がある。1つ目は絵を描くことによって言葉をイメージ化することができるからである。そのことにより言葉ではわかっていたつもりでもイメージ化するとわからないことが見つかり、それを修正することできちんと伝えることができるからである。実際難しい言葉をそのまま使っていた子どもが自分の知っている言葉に置き換える場面が見えた。

　2つ目は聞いている方もイメージをもちながら聞くことができるということである。ただお話を聞くだけでは低学年の子どもは飽きてしまう可能性が高いと考えた。そうなると伝える方もせっかく調べた言い伝えが伝わらず悲しい気持ちになってしまう。そのため紙芝居という表現方法をとることにした。また紙芝居は裏の文章を読むものであり、聞き手の顔を見て話すことはまれである。そのため実際の言い伝えのように語り部が、話の内容を暗記して、その場で相手の表情などを見ながら話すという活動よりは容易になると考えた。原稿を見ながら読むことができ、低学年の子どもでも安心して発表できるという利点があるのである。

▶ 地域の図書館

　今回は地域の図書館も活用した。学校にはない図書資料が地域の図書館にあることが多い。学校図書館に2年生の子どもたちは慣れてきたので、これを機に地域の図書館に行くように指導し、地域の図書館にも興味が向くようにした。具体的には学校図書館と地域の図書館が基本的には同じ仕組みであることを伝え、安心して地域の図書

館に行けるように指導した。

▶ かんそうカード

子どもにはかんそうカードを作り、そこに
感想を書いてもらうことにした。かんそう
カードは発表する子どもが持っていて、発表
が終わったらそこに感想を書いてもらうよう
にした。1枚につき6人しか書けないが、多
めに印刷をしておいて足りなくなったら新し
くかんそうカードを取り、書けるようにし
た。子どもたちはかんそうカードを埋めよう

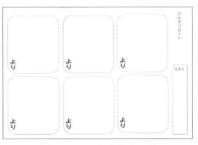

図1-13　かんそうカード

として自然と多くの友達と交流した。ただ気を付けなければならないのは数を多くす
るためにしっかり聞かずにどんどん感想を書いてしまう危険があるということであ
る。ここではそうならないように時間を多く取り、急ぐ必要がないことを伝えた。

びと デザイン　・ペア

▶ 自由な交流活動

今回は自由に2人組で交流することにし
た。できるだけたくさんの言い伝えにふれて
ほしいので、以下のような手順にした。
① ペアで交流する
② 交流が終わったら感想を書く
③ 空いている人同士で新しいペアをつくる。

ペアをこちらで指定するのではなく、子ど
もたちに空いている人同士でペアをつくらせ
たのには2つ理由がある。

図1-14　自由なペアで交流

1つ目は効率的だからである。ペアを固定すると今度交流する人が前の人との交流
が終わっていない場合待たなくてはいけなくなる。しかし空いている人同士であれば
すぐにペアを作り、交流を始めることができる。

2つ目は自分で交流する相手を見つけて交流するということである。言い伝えを伝
えることが目的なので、伝えたい相手を自分で見つけて伝えたほうが主体的な学習に
なる。当然その背後には決まりきった友達とのみ交流するのではなく、誰とでも交流
したいという思いを子どもが自然ともてるような学級経営が必要である。

実践編1「こと」 4 説得力を育てる言語活動

単元：5-2　黄金伝説をつくろう（5年生）

▶ 育てたい力、意欲

○ 書くことが役に立つことを実感すること。
○ 反対意見に対して、共感的な反論を書くこと。B（ウ）
○ 事実をわかりやすくグラフにして伝えること。B（エ）

▶ 学習環境デザインのコンセプト

　今回の学習環境デザインでは、子どもが本気で友達を説得することを通して、説得する上での技能や、書くことの有用感を実感することがねらいである。黄金伝説とは5年2組の子どもたちが卒業までに達成したい伝説のことを意味している。来年度こんな伝説を残して卒業したい、という子どもたちに、その伝説を達成するために学級の友達を説得する意見文を書くという活動をデザインすることで、子どもたちに書く力を付けることができると考えた。またその意見文で実際に友達を説得して、伝説を達成した場合には書いてよかった、という気持ちが育つことも重要なポイントである。まさに、意欲と書く力の両方が身に付く活動デザインとなっている。

▶ 単元計画

3次	2次	1次	0次	
書いた意見文をもとに学級で話し合い、黄金伝説を達成する。	アンケート調査をグラフにまとめ、反対意見・反論をもとに意見文を書く。	友達から反対意見をもらい、反論を考える。	朝の会のスピーチで、意見を述べること、相手の意	
		自分の主張を決め、アンケート調査を行う。	見をもとに考えることを積み重ねている。	
学級活動	2時間	2時間	2時間	

▶ 単元のゴールイメージ

図 1-15　子どもの作品

図 1-16　子どもの作品の拡大したもの

```
┌─ 学習環境デザインの 3 つの視点 ─────────────┐
│ 「こと」デザイン　説得力を育てる言語活動「意見文を書く」    │
│ 　　　　　　　　　説得の根拠を見つけるアンケート         │
│ 　　　　　　　　　説得力を育てる交流                │
│ 「もの」デザイン　主体的に書くこつを探す意見文名人カード    │
│ 　　　　　　　　　自分の意見を広げるマッピングシート      │
│ 「ひと」デザイン　意見をもらう相手、説得する相手である学級の友達 │
└────────────────────────────────┘
```

 **ごとデザイン**　・説得力を育てる言語活動
　　　　　　　　　　・アンケート

▷ 説得力を育てる言語活動「意見文を書く」

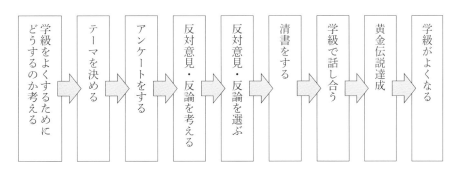

図 1-17　学習の流れ

　学級がよくなってきた、この学級で思い出を残して来年卒業したいという気持ちが子どもたちの中で高まっている。そこで子どもたちに、来年度6年生になったらやりたいことを見つけて、それを友達に伝えて説得することを提案した。子どもには上図のような学習の流れを見せて、子どもの主体的な活動になるようにした。今回は学級で話し合って、友達を説得したら必ず実現するということを示し、子どもの意欲を高めた。

　実際、子どもたちの考えた伝説はすべて友達を説得することができ、様々な生き物を飼ったり、竪穴住居をつくったりするなどすべての伝説は達成された。

図 1-18　子どもたちとつくった竪穴住居

▶ 説得の根拠を見つけるアンケート

　説得力ある文章を書く際に、事実をもとにして書くことはとても有効な方法である。そこで学級内の全員にアンケートをとり、それをもとにグラフを作る活動を行った。アンケートのとり方も今の学級の現状を聞いて問題を発見するパターンと、解決策を尋ねるパターンがあった。子どもたちは自分でどの方法がよいかを考え、アンケートをとっていた。

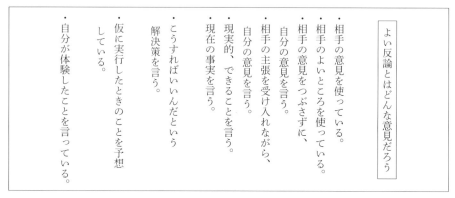

図1-19　アンケート用紙

▶ 説得力を育てる交流

　子どもたちには反対意見とそれに対応する反論を考える交流を行う前に、どのような反論がよい反論なのか、考えさせた。

よい反論とはどんな意見だろう

・相手の意見を使っている。
・相手のよいところを使っている。
・相手の意見をつぶさずに、自分の意見を言う。
・相手の主張を受け入れながら、自分の意見を言う。
・現実的、できることを言う。
・現在の事実を言う。
・こうすればいいんだという解決策を言う。
・仮に実行したときのことを予想している。
・自分が体験したことを言っている。

図1-20　子どもたちの意見

　ここで子どもたちは、相手の反対意見を完全に否定するのではなく、「確かに〜」などと言って一度は受け止めながら、自分の意見を言うことの重要性に気付いたのである。実際子どもたちは交流を通して友達からもらった反対意見から共感的な反論を考えていた。

　実際には友達からもらった反対意見とその反論の中から1つか2つを選んで意見文に利用した。

図1-21　反対意見をもらう

もの デザイン

・意見文名人カード
・マッピングシート

▶ 主体的に書くこつを探す意見文名人カード

　意見文を書く前に、新聞の社説や論説文などの中からどのように書けば説得力のあ

る文章が書けるのか、分析するシートを子ど
もに渡した。それが意見文名人カードであ
る。意見文名人カードをもとに、今回は反対
意見と反論、アンケートやグラフなどのこつ
を学級で取り上げることにした。意見文の書
き方として学級全体で押さえたのはその2つ
であるが、それ以外は名人カードで見つけた
工夫を自由に使ってよいことにした。このこ
とにより、子どもは自ら考えた書き方で書け
るようにした。

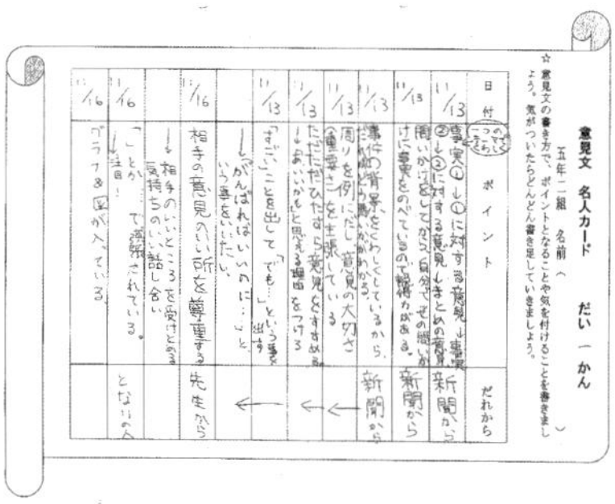

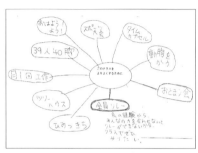

図1-22　名人カード

▶ **自分の意見を広げるマッピングシート**

　学級でしたい伝説も思いつきで考えるので
はなく、複数考えたうえで1つに絞る方法を
とった。そのために子どもにマッピングシー
トを渡し、そこから考えを広げられるように
した。広げた上で理由をもって、1つ選び、
赤で丸を付けることで、自分が本当に達成し
たい伝説を決めることができた。

図1-23　マッピングシート

びとデザイン　・学級の友達

▶ **意見をもらう相手、説得する相手である学級の友達**

　今回説得する相手は学級の友達とした。その理由は2つある。1つは子どもが意欲
的になると考えたからである。学級で達成したい伝説を実行するという目的で説得し
たいのは学級の友達であろう。また友達であるので、説得して何とかしようという思
いも高まると考えた。2つ目の理由は、説得を体験できるということである。学級で
達成したいことがあり、そのために友達を説得しなければならない。その友達は何が
嫌なのかはアンケートや反対意見から明らかになっている。その友達が反対から賛成
に意見を変えてくれるにはどのようにしたらよいのか、考えることになる。相手が具
体的に定まっていて、しかもその友達のことはよくわかっているので、反対意見のた
めの反論も言葉だけの形式的な反論ではなく、その友達だからこその反論になってい
くはずだ。当然その際も一方的に相手を否定するだけでは友達は変わってはくれな
い。相手の意見のいいところを認めたり、相手の考え方を理解したりしたうえでの反
論でなければ相手は変わらないのだ。そのような本物の説得を通して、子どもは説得
力のある表現を学んでいくと考えている。

※この実践は2009年度の都小国研の事前授業であり、部員の協力を得て行った。

実践編1「こと」

5　ものの見方を深める言語活動

単元：卒業文集を書こう
　　　生きるをテーマに随筆を書く（6年生）

▶育てたい力、意欲

○ 自分を振り返り、ものの見方を深めること。
○ 自分が伝えたいことにあるエピソードを選ぶこと。B（ウ）
○ 自分が伝えたいことが相手に伝わるかどうか推敲をすること。B（オ）

▶学習環境デザインのコンセプト

　今回の学習環境デザインではどの学校でも書かれる卒業文集を通して、子どもたちが自分を振り返ったり、その文章で自分の伝えたいことが伝わっているか考えたりすることをねらった。卒業文集は一生残る文章なので、子どもが真剣に自分の表現に取り組むと考えた。また卒業文集は6年間の思い出をなんとなく書いて二度読まないということも多いと聞く。子どもたちが一生大切にし、繰り返し読みたくなる卒業文集にすることもコンセプトの1つである。

▶単元計画

3次	2次	1次	0次
清書をして卒業文集にする。	下書きを書き、相互に推敲する。	自分のいいところをアンケートで聞く。	生きることにつながる伝記を読む。
1時間	3時間	1時間	1時間

▶単元のゴールイメージ

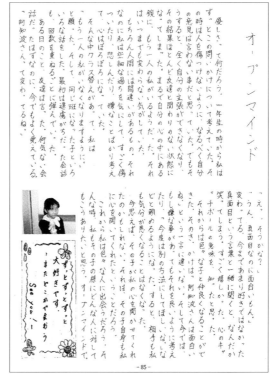

図1-24　子どもの作品

学習環境デザインの３つの視点

「こと」デザイン　もののの見方を深める言語活動「随筆を書く」
　　　　　　　　　意欲を高める言語活動「卒業文集を書く」
「もの」デザイン　自分のよさを見つける自分探しシート
　　　　　　　　　よりよいエピソードを生み出すマッピングシート
「ひと」デザイン　共同推敲を深めるペア

 デザイン　・もののの見方を深める言語活動
　　　　　　　　　　　　・意欲を高める言語活動

▶ **もののの見方を深める言語活動「随筆を書く」**

　随筆を書くとはどのような活動であろうか。随筆は自分の経験をもとに伝えたいことを読者に伝える文章であると考える。同じ伝えるでも、論説文は事例やデータで読み手を説得する文章であるのに対し、随筆はエピソードの具体性で読み手に共感的に訴えていく文章であると考えられる。

　また、随筆を書くことを通して自分のもののの見方や考え方を振り返る効果もある。小学校６年生は、少し自分を客観的に振り返ることができるようになる頃であり、随筆を書くことで自分を振り返り、自分の見方や考え方を自覚し、交流することでそれを広げてほしいと考えている。この学習では自分が12年間生きてきたことで自分が大切にしていることを、そう考えるようになったエピソードと結び付けることで自分のよさに気付いたり、今後生きていくうえでの基礎としていったりすることをねらった。

▶ **意欲を高める言語活動「卒業文集を書く」**

　今回の学習では卒業文集をどうにかして子どもにとって価値のあるものにし、子どもの意欲を高めようという発想がある。筆者は現在各地で多く行われている卒業文集について２つの疑問を感じている。１つは、子どもにとって書く力の付かない活動になっているということである。子どもは自分の６年間の思い出を羅列的に書くだけであり、今まで学習してきた相手意識・目的意識がなく、思考力が育つような学習になっていない。６年間の最後の書く学習でありながら、今まで学んだ力を発揮してそれを伸ばすような活動になっていないと考えている。

　２つ目は１つ目の目的意識ともつながるの

図1-25　卒業文集

だが、何のために書くのか、目的がはっきりとしないということである。書いた文章は卒業記念として製本され、配られる。ほとんどの学校で多くの予算と時間、エネルギーを用いて作られるものであるのに、二度と読まれないことも多いと聞く。子どもたちも一生残ることは知っているが、卒業文集の意義は昔を懐かしむためだけにしか使われていないと考える。

　それでは卒業文集を意義あるものにするにはどうしたらよいのだろうか。それは自分が今大切にしていること、将来にわたって大切にしたいことをきちんと残しておくことだと考える。6年生はまだ12年間しか生きていないが、子どもたちなりに自分たちが大切にしていること、今後も大切にしていきたいことがあるはずである。むしろ純粋な小学生だからこそ、今後一生大切にしていきたいことがはっきりとしていると考えることもできる。6年生のときの大切にしたいことを卒業文集にはっきりと残しておく。将来自分が迷ったときに卒業文集を読むことで、自分のしたいことを思い出すことができ、迷いから抜け出すことができるのではないか、と考えた。6年生のときに大切なことをそのまま残していても、将来読み返したときになぜそれを大切にしたのかわからなくなってしまう。そのためそれを大切にすることにしたエピソードとともにそれを書くことで、将来の自分に役に立つ卒業文集にすることができると考えた。

　当然将来だけでは目的意識が弱くなるので、友達と相互交流も行う。6年間一緒に過ごしてきた友達がこんなことを大切にしているんだ、ということを知ることは、今後進学して離れ離れになっても、将来自分の考えを広げる土台とすることができるので、意義があると考えている。

 デザイン　・自分探しシート
　　　　　　　　　・マッピングシート

▶ 自分のよさを見付ける自分探しシート

　先にも述べたが随筆には自分を振り返る効果がある。しかし自分がどのように考えているのかわからない子どももいる。そこで自分探しシートを作成した。自分探しシートは自分のよいところを保護者や友達から聞いてくることをねらったものである。保護者や友達から自分のよいところを聞き、自分がどうしてそうなったのかをエピソードを思い出す。そのことにより自分を見つめる目が育つと考えた。またその活動を通して自尊感情が高まることも見逃せない。

図1-26　自分探しシート

▶ よりよいエピソードを生み出すマッピングシート

　自分が大切にしていることが思い出せて
も、それとつながるエピソードをどれにする
かによって随筆のよさが決まってくる。自分
の変化のきっかけになったエピソード、読み
手が共感するエピソードを選ぶ必要がある。
その際には、エピソードを1つだけ考えるの
ではなく、複数思い出したものから一番よさ
そうなものを選ぶことで、よりよいエピソー

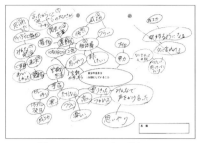

図1-27　マッピングシート

ドを選ぶことができると考えた。実際子どもたちはマッピングでエピソードを広げ、
その中から自分が伝えたいエピソードを選んでいた。エピソードを選ぶ際に番号を付
けることで、どのような構成で随筆を書くのか、イメージが湧くようにした。そのこ
とにより、取材と構成を行き来する自由な思考が可能になり、よいエピソードを生み
出すことができると考えた。

びと デザイン　　・ペア

▶ 共同推敲を深めるペア

　この学習では随筆を卒業文集に載せるので、その表現で本当によいのか、相互に交
流することにした。この言葉ではわからない、違う言葉のほうがよいのではないか、
というそのエピソードを知っている友達だからこそわかることが多くある。自分のこ
とをよく知っている友達とじっくりと表現に向き合い、お互いに助言し合うことで文
章をよりよくしている場面がよく見られた。

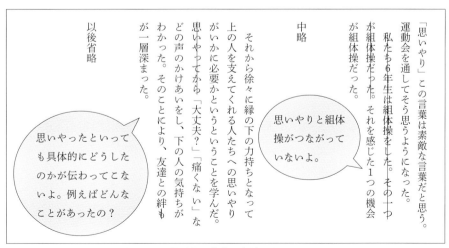

図1-28　子どもの作文と友達からのコメント

※この実践は2010年度の都小国研の事前授業であり、部員の協力を得て行った。

実践編1「こと」

6　主体的な読み手を育てる言語活動

単元：宮沢賢治ポスターを作ろう（5年生）

▶育てたい力、意欲

○ 本を読む楽しさに気付くこと。
○ 自分の推薦したい本を見つけて読むこと。C（カ）
○ 自分の気になったところを丁寧に読んで自分なりの解釈をもつこと。C（エ）

▶学習環境デザインのコンセプト

　今回の学習環境デザインでは、子どもたちが自分の推薦したい本を見つけ、それを推薦することを通して、自ら本を手に取る姿勢や、自ら疑問に思ったところの解釈をもつことをねらった。正しいと教師が教える解釈を押し付けるのではなく、子どもたちが自分なりの解釈をもつために宮沢賢治の作品と向き合って考えることを大切にした学習である。

▶単元計画

0次	1次	2次	3次	
宮沢賢治の本に親しむ。	『注文の多い料理店』を読む。宮沢賢治に関するもの、宮沢賢治のテーマに近い教材の学習を行う。	自分のお気に入りの作品のポスターを作る。	ポスターを掲示する。クラスで交流をする。	
宮沢賢治の本に親しむ。	5時間	3時間	1時間	

▶単元のゴールイメージ

「なぜ、ケンタウル祭の時、ジョバンニは、あの時間に、銀河鉄道に乗る夢を見たのか？」

　ケンタウル祭の日、舟に乗っていたカンパネルラは、川へ落ちたザネリを助けようとして、川にとびこみ、流されてしまいました。ジョバンニが、銀河鉄道に乗る夢を見たのは、カンパネルラが死んで、魂が天国に着くまでの間、どうしてもジョバンニと会って話をしたかったからだと思います。お母さんはぼくの事をゆるして（くれるか）も、相談をしたかったと思います。だからカンパネルラの魂が、ジョバンニを銀河鉄道に乗せていたのだと思います。それをジョバンニは、夢と感じていたと思います。
《おすすめポイント》は、カンパネルラとジョバンニが、銀河鉄道に乗って、話をしている場面です。カンパネルラの魂が、天国に着くまでの間、友達のジョバンニと話をするのが、よかったです。十字架の形をした白鳥座を見る所もすてきです。私も、銀河鉄道に乗って、夜空の星座を見たくなりました。
『銀河鉄道の夜』講談社　　名前

図1-29　子どもが作ったポスター

学習環境デザインの3つの視点

「こと」デザイン　読書好きを育てる継続的な読書

主体的な読み手を育てる言語活動

「クラスで注文の多い料理店を推薦しよう」

「宮沢賢治推薦ポスターを作る」

「もの」デザイン　読書を誘発する読書環境

「ひと」デザイン　読みを深める小グループ

ごと デザイン　・継続的な読書
　　　　　　　　　・主体的な読み手を育てる言語活動

▷ **読書好きを育てる継続的な読書**

　この学習では教師が決めた教科書の文章を強制的に子どもが読むという方法は取らない。あくまで子どもが自分から主体的に本を取らなければならない。そのためにはどうしたらよいか。大きく分けて2つの方法がある。1つ目は継続的に読書をすることだと考えている。教室で朝に読書をする時間をとったり、図書の時間を活用したりすることで子どもが読書をする習慣を付け、読書に対する抵抗を少なくする。その際も強制的に読書をさせるのではなく、子どもが読みたいものを読ませ、読書を好きにさせることが重要である。

　2つ目は宮沢賢治に興味をもたせることである。教師が花巻に行ったことを話したり、宮沢賢治の人柄を紹介したりするなどして宮沢賢治に対して興味をもたせるような働きかけをした。ほかにも読み聞かせもいろいろな方法で行った。例えば学校司書に協力してもらって宮沢賢治の本を読み聞かせをしてもらったり、また授業者もどんぐりが落ちるころに『どんぐりと山猫』を読み聞かせをしたりするなどした。子どもたちが宮沢賢治の本に興味をもつようにしていった。

▷ **主体的な読み手を育てる言語活動「クラスで『注文の多い料理店』を推薦する」**

　いきなり個人で推薦するのは難しいと考え、子どもたちとクラスで推薦したい本を1冊選び、それを推薦する学習を行った。子どもたちにどの本をクラスで推薦したいのかを尋ねたところ、子どもたちは『注文の多い料理店』がよいといったので、『注文の多い料理店』を推薦することにした。まず子どもたちが疑問に思ったところを出し合い、それをみんなで話し合うところから始めた。子どもたちが疑問に思ったところは「紙くずのようになった顔がもとのとおりになおらなかった」理由や、犬が生き返った理由、色の配置などが挙がってきた。そこでそれぞれ関心がある疑問ごとに小グループを形成し、そこで意見を3、4個出し合い、選択肢をつくる。その選択肢をクラスでの話し合いの際に示し、そこから子どもたちは話し合った。選択肢はどれかを選ぶというわけではなく、あくまで議論のためのたたき台であり、それをふまえて議論することで、子どもたちの解釈を深めようと考えた。そのためどの子どももとて

も意欲的に話し合い、自分なりの解釈をもてていた。

　子どもたちからは以下のような意見が出ていた。紳士の顔がもとのとおりにならなかった理由について「紳士がとても反省したから」という選択肢①に対する意見である。

C　私は①に反対なんですけど、山の守り神にとっては、紳士のように勝手に「タンターン」と撃っちゃう人は、困るから、反省したからといって、また反省したのを忘れて危ない人間は食べるからとかと思うから、反省したからとは違うと思う。

C　①に反対で、反省したって書いてあるじゃないですか、でも、「十円だけ山鳥を買った」ってあるじゃないですか、多分まだ反省しきれていないんで、この山猫軒のことを忘れないために、紙くずのように顔をしたんじゃないかなと思います。

　このように子どもたちは選択肢①と「紙くずのようになった顔が元のとおりになおらなかった」ことを結び付けて自分の解釈を展開することができた。

▶ 主体的な読み手を育てる言語活動「宮沢賢治推薦ポスターを作る」

　『注文の多い料理店』で疑問を見つけ、それに対して自分なりの解釈をもてるようになったのちに、今度は自分でお気に入りの作品を見つけ、そこから謎を見つけて解釈するような学習を行う。まず自分の見つけた疑問をタイトルに書き、イメージ画を描く。下には疑問に対する自分なりの解釈をもつ。その後におすすめポイントを書き、紹介ポスターとする。

　この学習は、教師に言われた文章の、教師が定めたところを読み、教師の発問から考えるような受動的な学習ではない。子ども自身が読む本を見つけ、子ども自身が疑問をもち、疑問を解決するために文章全体を読みながらも、特に注目するところを丁寧に読むという主体的な学習である。そこで得た解釈も教師に採点されることを目的とした正しいとされる答えではなく、友達と解釈について話し合うことを目的とした、自分なりの解釈になるはずである。

　教師に向けた学習ではなく、自分たちのための学習にすることにより、子どもたちは主体的になり、そこで得られる解釈も当然深いものになる。

　授業の最後にポスターの裏に感想を書き合った。その交流では、自分とは全く違う解釈に驚いたり、自分の解釈と似た解釈に出合って喜んだりする様子が見られた。

もの デザイン　　・読書環境

▶ 読書を誘発する教室環境

　教室に読書が好きになるような様々な工夫を行った。入り口には山猫の形をした、

「どなたでもどうぞお入りください」という札をつけた。また教室の後ろの学級文庫には宮沢賢治の絵本で、販売されているものはすべて集めておいた。そのことで、子どもたちは折に触れ、宮沢賢治の絵本を読むようになった。このような並行読書は、宮沢賢治の作品を読む学習の0次にもなり、後の宮沢賢治のポスターを作る際にも必要になってくるものでもある。

図1-30　教室の入口の表示

びと デザイン　　・小グループ

▶ 読みを深める小グループ

　初発の感想を教師が取り上げ、それをもとに教師が発問を練り、いきなりクラス全体で話し合うという学習がよく見られる。確かに子どもから起きてきた疑問を取り上げて学習をしていると見ることもできる。しかし、そこには2つの欠点があると考える。1つは、初発の感想は、子どもは作品を何度も読んだわけではないので、印象などの浅い読みから授業を始めなくてはならないということである。いきなり解釈の深いところに気付けて初発の感想を書ける子どもは少ない。2つ目は子どもの初発の感想から教師が練って発問にするのでは子ども主体にならないということである。子どもの初発の感想をもとにしていても、発問にしたら最初に子どもが感じたこととは異なってしまうことはよく起こることである。

　そこで疑問ごとに小グループをつくることでその2つの問題を解決できる。最初に「色グループ」「白い犬グループ」「紳士グループ」などのおおまかなグループをつくる。そのグループの中で何度も作品を読み、自分たちが本当に追求したい謎を決める。例えば紳士グループであれば、紳士のいろいろな行動の中から「紙くずのようになった顔が元のとおりになおらなかった」ことに課題が絞られるのである。

　その後選択肢をつくる際にも子どもたちは小グループで濃密な話し合いができる。クラス全体では多様な解釈は出るが、発言する回数や、参加度は少なくなってしまう。グループ内の話し合いで選択肢を絞り、そこから全体での話し合いに行くことである程度深まったところから議論を始めることができ、全体での話し合いの質を高めることができると考えた。

　当然子どもたち主体の学習ではあるが、教師が野放しにしているわけではない、子どもの発問が練れていなければ指導してもう少し考えさせたり、選択肢の中に重要な解釈が抜けている可能性があれば示唆をしたりするなどして、小グループでの学習が有効になるよう丁寧に指導していく必要がある。

実践編1「こと」

7 主体的に古典と向き合う言語活動

単元：『枕草子』新聞を作ろう（5年生）

▶ 育てたい力、意欲

○ 古典に対して前向きな姿勢をもつこと。
○ 昔の人の考え方について考えをもつこと。（伝国ア）
○ 昔の人の文章の響きを味わうこと。（伝国イ）

▶ 学習環境デザインのコンセプト

　伝統的な言語文化に関する事項には「（ア）親しみやすい古文や漢文、近代以降の文語調の文章について、内容の大体を知り、音読すること」と「（イ）古典について解説した文章を読み、昔の人のものの見方や感じ方を知ること」がある。そのため、教科書に書かれている古文や漢文を音読したり、そこで書かれた解説文を読んだりする学習が幅広く行われるようになってきた。しかし、それは子どもの興味から広がる主体的な学習になっているだろうか。また古典の世界の広がりや、昔の人のものの見方や感じ方を知る学習になっているのだろうか。今回は受身的な授業になりがちな古典の学習を、子どもたちの主体的な学習になるように新聞づくりという活動を取り入れた。

▶ 単元計画

3次	2次	1次	
新聞を交流する。	自分でお気に入りの段を見つけ、新聞を作る。	教科書に載っている『枕草子』第一段を音読したり、解説文を読んだりする。	
1時間	4時間	1時間	

▶ 単元のゴールイメージ

図 1-31　枕草子新聞

> 学習環境デザインの 3 つの視点
> 「こと」デザイン　主体的に古典と向き合う言語活動「枕草子新聞を作る」
> 「もの」デザイン　子どもが簡単に調べられる本やインターネット
> 「ひと」デザイン　自分と向き合う個人の学習
> 　　　　　　　　　交流の楽しさを実感できる 5 人組

ごとデザイン　・主体的に古典と向き合う言語活動

▶ **子どもに興味をもたせる『枕草子』との出会い**

　まず教科書に書かれている枕草子第 1 段を音読し、興味をもつところから学習を始める。子どもたちも「春はあけぼの」は知っていて、「これ知っている」と言って意欲的に音読していた。しかしただ音読するだけでは、昔の人の考え方にふれることはできない。解説文を読み、自分の今の感覚と比べて読むようにさせると、児童は興味をもちやすくなる。自分だったら春は何がいいのか、夏はどうか、などと考えさせる。また、平安時代では春は夕べ、夜がよいと一般的にはされているのにもかかわらず、あけぼのがいいと言い切った、清少納言の感性についても教師が話をし、子どもに昔と今の考え方の同じところ、違うところがあることを実感させたい。

▶ **主体的に古典と向き合う言語活動「枕草子新聞を作る」**

　教科書で紹介されている『枕草子』は第 1 段のみであるが、実際は 300 段ある。しかしほとんどの子どもたちは、「春はあけぼの」にしか接することはなく、清少納言の考え方、感じ方について触れる機会はほとんどない。そこで本やインターネットで、『枕草子』の好きな段を選び、それをもとに『枕草子』新聞を作る活動を考えた。

　『枕草子』について子どもが興味をもったら、次は自分で段を探す。子どもが探した段は以下のとおりである。

頃は	思はむ子を	虫は
木の花は	月のいと明きに	降るものは
うれしきもの	三月三日は	原は
雪のおもしろう降りたりし朝	九月ばかり	星は
雪のいと高う降りたるを	すさまじきもの	過ぎにしかた恋しきもの
風は	四月、祭りの頃	川は
五月ばかりなどに山里にありく	うつくしきもの	あてなるもの

　枕草子新聞は以下のようなパーツで構成されている。

① **本文を写す**

　歴史的仮名遣いなど難しいところもあるが、子どもたちは、その仮名遣いを楽しみながら視写していた。また歴史的仮名遣いを写しながら「言ふ」を「言う」と読むん

だ、「やう」を「よう」と読むんだ、と自然と気付いている子どももいた。自然な学び合いも生まれ、「これはこのように読むんだよ」と教え合う様子も見られた。

② 現代語訳

　本文が書けたら、次は現代語訳を書く。ここでも子どもたちは現代語と昔の言葉で同じ言葉でも意味が違う言葉があることに自然と気付いていく。「うつくし」が「かわいい」という意味であることなど、子どもたちは現代語訳と本文を比べて見つけていくことができた。教師は特に言葉の違いについて触れるコーナーを作るように指示をしなかったが、自分でコーナーや吹き出しを作って、触れていた。子どもが調べていくうちに驚き、それが表現されているものと見ることができよう。

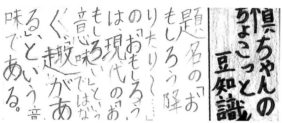

図1-32　言葉の違い紹介コーナー

③ イメージ画

　枕草子は清少納言が平安時代の宮廷の情景を描いたものが多い。そのため、情景を絵にして表現することで、その情景をより理解することができるのではないか、と考えた。実際児童はイメージ画を描くことで、枕草子の描いた情景の美しさに気付くことができた。

図1-33　イメージ図

④ おすすめポイント

　なぜ自分がこのコーナーを書いたのか、おすすめの文章を書くことにした。自分が気に入った理由、お気に入りの理由を書き、それを友達に伝えることを目的として新聞を書くことになる。そのためここに児童の思考が表れることになる。

⑤ 参考文献を書く

　参考にした本や、インターネットを書き、参照元がわかるようにした。

もの デザイン　・本やインターネット

▶ **子どもが簡単に調べられる本やインターネット**

　古文というと小学生にとっては難しいもの、調べるのは難しいという偏見を大人はもちがちである。しかし小学校古典が導入されるようになり、様々な本が小学生向け

に書かれるようになり、今は子どもにとって簡単に枕草子などの古文の解説や現代語訳を調べられるようになってきている。

　またインターネットも発達し、古文の現代語訳や解説も容易に調べられるようになってきている。もはや古文は調べるのが難しい題材ではなくなっている。子どもに調べさせることで子どもは清少納言の感覚や考え方に直接向かい合うことができ、昔の考え方と今の考え方の同じところ、違うところに気づくことができるのである。

びと デザイン　・個人学習
　　　　　　　　　　・５人組での交流

▷ **自分と向き合う個人の学習**

　今回の新聞づくりは１人で行うことにした。１人で新聞を作ることで、自分の考え方と清少納言の考え方を比べてほしかったからである。新聞づくりはグループで行うこともあり、その際は記事を編集するなどの学習が生まれ、有効になることもある。しかし今回は編集よりも自分がどう枕草子と向き合うかを重視したので、個人で新聞づくりを行った。常にグループを組むのがいいわけではなく、個人で書くときとグループで行うときと両方バランスよく行うことが大切である。

　しかし書くのを個人で行っても、完全に友達との交流がないわけではない。自然発生的に隣の友達との交流が生まれることもある。また直接交流しなかったとしても隣の友達が作成した新聞の影響を受けることも多くある。言葉を交わすことだけが学び合いではなく、その場に一緒にいるということも学び合いなのである。

　新聞を個人で作った後はそれをクラス内の友達と交流する。グループで作っていない分、交流は緊張感をもつものになる。自分１人でつくったものを友達が評価するからである。友達には相手の新聞を読んだ感想を共感的に書くように指導したので、自分が調べて書いた新聞を受け止めてもらえて安心したようである。

▷ **交流の楽しさを実感できる５人組**

　最初は５人の生活班の中でまず交流することにした。それには２つ理由がある。１つ目は誰にも感想をもらえない人が出ることを避けるためである。最初に班内で交流することで、最低４人にはコメントを書いてもらうことができ、交流の楽しさを実感することができる。２つ目の理由は男女関係なく交流するためである。どうしても高学年の自由交流は男子同士、女子同士になりがちだが、班内で交流することで、男女で交流することに、抵抗感がなくなってくる。このような指導を続けていくと生活班内の交流をしなくても、男女関係なく、感想をもらえない人が出ることなく、自由に交流できるようになる。

筆者の論理に迫ることを可能にする言語活動

実践編1「こと」8

単元：インスタント食品をあなたは食べますか（5年生）

▶ 育てたい力、意欲

○ 読んだことが生活に役立つという実感をもつこと。
○ 筆者の論理展開を読むこと。C（ウ）
○ 筆者の主張について、自分の意見をもつこと。C（オ）

▶ 学習環境デザインのコンセプト

　今回は説明文をどのように読んでいくか、という学習である。説明文の内容を正確に読み取ることが目的の学習を多く見ることができる。しかし、そのような読みでは実生活に役立つ主体的な読みではないと考える。本来説明的文章を読むことはそれを読んで生活に生かすことが目的であるはずだからである。それでは子どもたちに生活に生かすような読みをどうさせるのか、それが今回の学習環境デザインのコンセプトである。子どもにとって身近な食を取り上げ、総合学習と結びつけながら筆者の論理展開を考え、筆者の主張に対して自分の意見をもち、そこからおうちの人に手紙を書くという学習を行った。

▶ 単元計画

次	内容	時間
0次	総合学習で稲を育て、脱穀し、チャーハンを作って食べた。	
	インスタント食品について調べる。	
1次	「インスタント食品とわたしたちの生活」を読み、疑問に思ったことを調べ、その疑問について話し合う。	6時間
2次	保護者に手紙を書く。	1時間

▶ 単元のゴールイメージ

　お母さんへ
　私たちは「インスタント食品とわたしたちの生活」という文章を読みました。
　そこには、インスタント食品のよいところとして、時間がかからないことが書かれていました。お仕事や妹の世話で忙しいお母さんが、ご飯を短い時間で作れるようになって、お母さんが楽になるなら、インスタント食品もいいかな、と思うようになりました。
　しかし、私はやっぱりお母さんの手料理が食べたいです。文章にも書かれていましたが、家ごとの味が失われると思うからです。私はお母さんの料理の味が大好きなので、できれば料理が食べたいです。それにインスタント食品は環境にも悪いのでできれば食べないほうがいいのです。
　お母さんが料理に時間をかけられるように、私は妹の世話や料理の手伝いをこれからしたいと思っています。だけど、お母さん、疲れた時はときどきインスタント食品でもいいからね。

子どもが保護者向けに書いた手紙

学習環境デザインの 3 つの視点

「こと」デザイン　　意欲と思考を引き出す 0 次「稲を育てよう」
　　　　　　　　　　筆者の論理に迫ることを可能にする話し合い
　　　　　　　　　　読んだことを実生活に生かす言語活動「保護者に手紙を
　　　　　　　　　　書く」
「もの」デザイン　　子どもの思考を引き出すインスタント食品新聞
「ひと」デザイン　　テーマについて調べるミニグループと考えを広げる
　　　　　　　　　　クラスでの話し合い

ごとデザイン

・意欲と思考を引き出す 0 次
・筆者の論理に迫る話し合い
・読んだことを実生活に生かす言語活動

▶ 意欲と読みの根拠を育てる 0 次「コメを育てよう」

図 1-34　稲を育てる

図 1-35　精米する

図 1-36　コメを炊く

　このクラスでは 4 月からバケツ稲の活動に取り組んだ。バケツの中に土を入れ、そこに稲を植える。芽が出てきたら、間引きをし、中干しをするなどして大切に育ててきた。夏休みに交代で水やりもした。そうやって育ててきた稲を収穫し、牛乳パックで脱穀し、精米し、炊飯器を使わずにチャーハンを作った。このように時間と手間暇をかけて食べることのよさと大変さを子どもたちは実感している。この経験がインスタント食品に関する文章を読むときに、生きるはずだと考えた。インスタント食品は時間をかけずにすぐ食べることができる。このような逆の体験をしたことが、インスタント食品に関する文章を読むときの意欲と読みの根拠につながると考えた。

▶ 筆者の論理に迫ることを可能にする話し合い

　「インスタント食品とわたしたちの生活」の筆者である大塚滋氏は、ほかの著作の中で、「料理こそは最後に残った"家事"であり、家族同士を結びつける唯一のもの」と述べているが、それは長い冬を生き抜く必要がある人類にとっては「必要から生まれた命の綱」であるとしている。また「食生活の洋風化」にもふれている。しかし教科書の文章にはそれらが一切にふれられていない。たくさんあるインスタント食品の長所・短所の中から筆者は選んで書いているのである。例えばインスタント食品の欠点を教科書では家庭の個性が失われる、料理が下手になってしまう、栄養がかたよっ

てしまうことを挙げている。しかしほかにも環境に悪い、塩分が多いなどの欠点がある。どうして大塚滋氏はインスタント食品の専門家であるのに、そのような選択をしたのであろうか。それを考えることで筆者の論理に迫れると考えた。

　その論理に子どもが迫るにはどのようにしたらよいのだろうか。それには2つ方法があると考えた。1つは知識と意欲を高めることである。子どもたちは先にも述べたように稲を育てたり、インスタント食品を調べたりしている。そのことにより、選び方について自分の考えることができると考えた。

　もう1つはインスタント食品の長所・短所などを多く示し、その中から筆者が選んだことを子どもに示すことである。まず子どもたちが調べたことを挙げさせる。

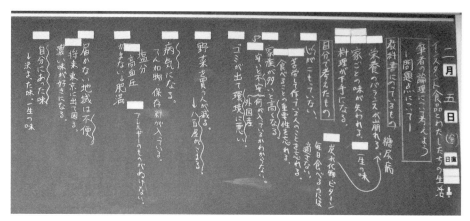

図1-37　子どもの挙げた問題点

　そして次に具体的に挙げた欠点の中から本当は入れたほうがいいものを理由とともに挙げさせる。そしてなぜそれを筆者が選ばなかったのか、逆に言えばどうして著者は、栄養バランス、家ごとの味、料理が下手になるを考えたのかを考えさせた。授業の最後に子どもたちは「筆者はあまり重くない欠点を書いたのではないか」「筆者は問題点とよい点がつながるように選んでいるのだと思う」という感想を書いていた。

▶ 読みを実生活に生かす言語活動「保護者に手紙を書く」

　最後に家の人への手紙を書いた。なぜなら手紙は、自分が考えや気持ちを直接相手に届けるのに向いている形式だからである。ここでわかったことをリーフレットにまとめるよりは、手紙形式で自分の家庭の食生活という極めて個人的なことを、自分の思いをこめて伝える方が子どもの素直な思いが出ると考えた。ここで手紙形式にしたねらいはもう1つある。それは、この学習では単なる言葉だけの学習にならないようにしたかったからである。読んだことだけで終わりではなく、そこから学んだことを保護者に伝えて、自分の生活に生かしていく必要がある。単純にインスタント食品がいい、悪いとならないようにし、自分の発言や感想に責任をもてるようにした。

もの デザイン　・インスタント食品新聞

▶ **子どもの思考を引き出す「インスタント食品新聞」**

　冬休みに子どもたちにインスタント食品について調べてくる家庭科の宿題を出した。食について興味をもっていた子どもたちはとても意欲的に宿題に取り組んだ。自分でインスタント食品について調べてくることで、インスタント食品について興味・関心と知識をもつことができる。ある子どもは手作りの味噌汁とインスタントの味噌汁を比べて、以下のようにまとめた。

	インスタント	手作り
味	味が濃い 薬のような味がする	具が沢山入っているのでおいしい。
見た目	具が少ないためあっさりしている。 しかし意外と上品。	具が沢山入っていて家庭料理っぽい。
香り	粉っぽい。手作りとはぜんぜん違う。	お味噌汁そのものの香りがする。
時間	約3分	約20分

　この実験の結果をふまえて、この子どもは「インスタント食品のほうが17分早くできるが、インスタント食品には生の食材が入ってなく、乾燥品で、防腐剤などが入っているので体によくないそうです。そう聞くと食欲がなくなります」と書いている。自分なりに調べたことで、テキストに書かれている情報を取り出すだけではなく、読んだことと調べたことを結びつけた自分なりの理解ができると考えた。

びと デザイン　・ミニグループでの調べ学習
・クラスでの話し合い

▶ **テーマについて調べるミニグループと考えを広げるクラスでの話し合い**

　この学習では2つの共同体を活用した。1つは小グループである。子どもがそれぞれ自分の興味あるテーマごとに集まってテーマについて話し合う。最初に小グループを使ったのは、じっくりと1つのテーマについて考えてほしかったからである。例えばインスタント食品のよいところを全体で話し合うよりも小グループで話し合うことで、教科書に載っていないよいところをインターネットや本、自分たちの経験から挙げることができる。

　小グループで話し合った後はクラス全体で話し合う。いくら学習環境をデザインしてもすべてのグループに最初から論理を読める子どもがいるわけではない。クラスにいる筆者の論理を読む、という高度な思考を思いついた子どもを教師が拾い、それを共有することで、論理を読む力をクラス全体に広げていくことができると考えた。

実践編1「こと」 9 相手意識を育てる言語活動

単元：学校紹介リーフレットをつくろう（5年生）

▶育てたい力、意欲

○ 書いてよかったという実感を味わうこと。
○ 相手や目的に応じて書く題材を決めること。B（ア）
○ 見出しや図を使いながら相手にわかりやすく書くこと。B（エ）

▶学習環境デザインのコンセプト

　相手意識が重要であるということが国語科の学習ではよく言われ、自分が伝えたいことを相手に伝える授業が多く行われている。しかし本当の意味で相手意識をもった授業が行われているのかについては疑問に思っている。リーフレット等特定の目的があるものは、自分の伝えたいことだけではなく、相手の知りたいことも書かなければならない。自分たちが知りたいことと、相手の知りたいことを結び付けて、書く題材を決めることが重要になってくる。この学習環境デザインは、自分の伝えたいことと、相手の知りたいことを結び付けて表現することをねらっている。

▶単元計画

3次	2次	1次	0次
入学式の日に1年生の机の上に置いておく。	割り付けを決めてリーフレットを書く。	保護者のアンケートから相手の知りたいことを知り、自分の伝えたいことと結び付けて題材を決める。	就学前検診のお手伝いをする。
	3時間	2時間	

▶単元のゴールイメージ

図1-38　教師が作った学校紹介のリーフレット（表）

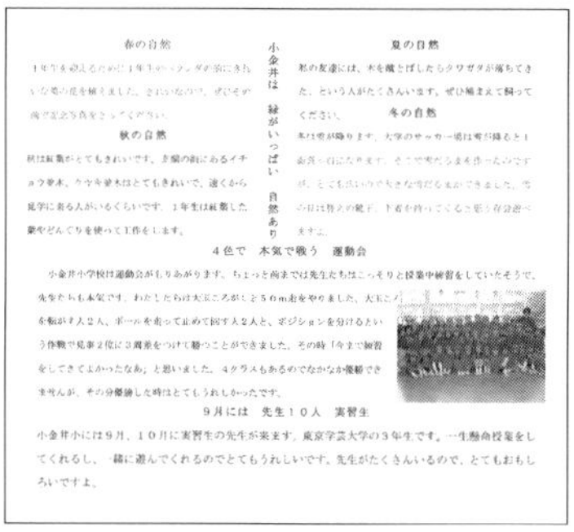

図1-39　教師が作った学校紹介のリーフレット（裏）

```
┌─ 学習環境デザインの 3 つの視点 ───────────────┐
│ 「こと」デザイン　相手意識をもって伝える言語活動              │
│ 　　　　　　　　　「学校紹介リーフレットを作る」              │
│ 「もの」デザイン　自分の伝えたいことと相手の知りたいことを結びつける │
│ 　　　　　　　　　マッピングシート                    │
│ 　　　　　　　　　相手に見やすくすることを意識させるリーフレット     │
│ 「ひと」デザイン　表現を受け止めてくれる、読む相手としての新入生の保  │
│ 　　　　　　　　　護者                          │
└────────────────────────────────┘
```

ごとデザイン　　・相手意識をもって伝える言語活動

▶ **相手意識をもって伝える言語活動「学校紹介リーフレットを作る」**

　5年生にとって、次年度新1年生になる子どもたちは、自分たちが学校の最上級生として4月から世話をすることになる子どもたちである。そのためその子どもたちが安心して学校に来られるように何かしたいと考えているはずである。また就学前検診で新1年生のお世話を行い、その気持ちはとても高まっている。そこで学校を紹介する活動を取り入れることにした。5年生にとって5年間過ごしてきた学校のことはよく知っている。この学習ではその学校のことをほとんど知らない新入生や新入生の保護者にどう伝えていくのか、考えることになる。もうすぐ6年生になる5年生にとって、相手意識をもって紹介するのにふさわしい活動であるといえよう。

　具体的にはまず相手意識をもちながら書く題材を決める。次にどの題材をどれくらいのスペースを使って書くのか割付を考える。一番伝えたいことを一番大きくスペースを割くように指導した。その後見出しや図などを含めながらリーフレットを作成した。リーフレットの記事には自分しか書けないこと、または学校にいた人たちしかわからないようなことを書くようにした。つまり、調べたことだけでなく、その場で自分が経験したことなど、その場にいた人しか書けないことを書くのである。また表には自己紹介や読んでくれる新入生の保護者へのメッセージを書く。そのことによりこのリーフレットには5年生の思いがこめられていることを読者は知ることができるし、リーフレットの反応も1年生から返ってくるからである。

　実際入学式の日に1年生の子どもの机の上に置き、新入生の保護者に渡すことになった。6年生になった子どもたちから、1年生にリーフレットをくれたお兄さんだね、と言われてうれしかった、という声も聞くことができ、書くことのよさを実感することができた。

ものデザイン　・子どもの思考を引き出すメディア

▶ 相手の知りたいことと、自分の伝えたいことを結び付けるマッピングシート

　読んでくれる新入生の保護者が読んでよかったと思ってもらうためには、書き手である子どもたちが伝えたいことだけでは不十分である。また逆に学校のことを知らない新入生の保護者の知りたいことだけでも学校のよさを伝えることはできない。そこでその2つを結び付けるワークシートを開発した。

　左側には自分がどういう人間かを書き、右側には保護者がどういう方かを書き、相手の特性を明確にした。子どもたちは運動会のこと、宿泊行事など学校行事や、図書館やグラウンドなどの施設の紹介、給食などを伝えたいと考えていた。その後、筆者が就学児健診で聞いた、「新1年生の保護者が知りたいこと」を伝えた。子どもたちは保護者の知りたいことと、自分たちの伝えたいことが異なることに驚いていた。新1年生の保護者は学校のことを知らないので、安全面で不安に思っているようである。新1年生の保護者と自分たちの伝えたいことが結び付いたところは線ででつなぎ、それを書く題材とした。

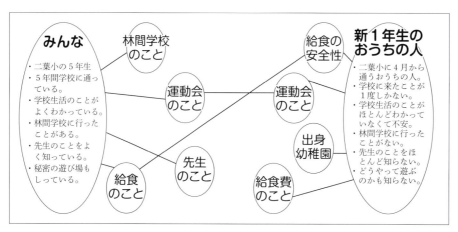

図1-40　自分が伝えたいことと相手が知りたいことを結び付ける

▶ 相手に見やすくすることを意識させるリーフレット

　今回は学校を紹介するのにリーフレットを用いた。リーフレットはパンフレットとよく混同されるが、パンフレットは複数の用紙から作られる冊子形式の表現メディアであるのに対して、リーフレットは1枚の紙を折って作られるものである。たいていリーフレットは同じものを多数印刷して配ることを目的とするが、今回のリーフレットは5年生一人が1年生の保護者一人に向けて手作りでつくったものになる。その分5年生の思いがこもった世界に1つだけのリーフレットにすることになると考えた。リーフレットを用いて表現することの効果は相手に見やすくなるようにはどうしたらよいのか考えさせることができるということである。相手に見やすく、という思

考をこのリーフレットづくりで以下の２つでとらえる。

　１つ目は割付けである。どの記事にどれだけスペースを割くのか、記事もどのような場所に、配置するのかすべて自由である。リーフレットは折ったものを広げてよむことが基本なので、折り目を利用すると様々な表現パターンができる。実際筆者も子どもに以下の３つのパターンのリーフレット形式を示した。どれがいいのか、子どもが自分で考えることができるのである。また一番伝えたいことに一番スペースを割くことで、相手に伝わりやすくなるということもある。記事をどれも同じように扱うのではなく、１番伝えたい記事と、２，３番目の記事というように軽重の差をつけるよう考えさせることもできる。伝えたいことの軽重の差をつけるということは、目的や意図に応じて簡単に書いたり詳しく書いたりすることにつながる。

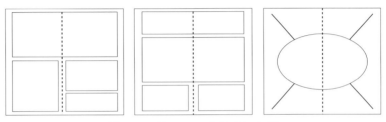

図 1-41　リーフレットのパターン例

　２つ目は図を使うことである。リーフレットは文字だけでは相手に伝わりにくい。図を使うことで、相手にわかりやすく伝えることができる。どの図を使うのか、その図をどれくらいの大きさで、どの場所に置くのか、それも考えなくてはらない。図や表などを含めた非連続型テキストの表現力を育てることもできる。

びと デザイン　・新入生の保護者

▶ 書く相手としての新入生の保護者

　今回の学習では書く相手を新入生の保護者にした。本来であれば５年生の子どもが本当に書きたい相手は新１年生であろう。しかし新１年生では、難しい言葉もわからないし、漢字はすべてひらがなに直さなければならない。５年生の子どもが、自分の表現したいことを表現しようと思っても、それを相手に合わせて簡単にしなければならない。相手に合わせて表現を簡単にすることは相手意識としては重要なことである。しかし今回は５年生に自分の知っている表現をすべて使って表現してほしかったことと、新１年生は文字も読めない子どもも多くいるのでリーフレットの意味がわからない子どももいることから、書く相手を新入生の保護者とした。

※この実践は、2008 年度の都小国研の研究授業であり、部員や墨田区立二葉小学校の協力を得て行った。

実践編2「もの」 1　子どもの思考を引き出す 手作りおもちゃ

単元：おもちゃの説明書をつくろう（2年生）

▶育てたい力、意欲

○ 書くことが好きになること。
○ 順序に気を付けて、相手を意識しながら書くこと。B（イ）
○ 言葉と具体を結び付けて表現すること。

▶学習環境デザインのコンセプト

　今回の学習環境デザインでは子どもが主体的に順序を考えて書いたり、相手が作れるように相手意識をもって書いたりする活動を考えた。おもちゃの説明書を相手に読んでもらい、それで相手におもちゃを作ってもらって一緒に遊ぶという活動を通して、子どもは順序よく伝えることの大切さに気づくと考えた。また同時に相手がおもちゃを作ってくれて、一緒に遊べた、という達成感をもつことができ、書くことが好きになることも重視している。

▶単元計画

0次	1次	2次	3次
手作りおもちゃで遊ぶ。	教育出版『きつつき』を読み、おもちゃを作って遊ぶ。2種類のおもちゃのうち一つを選んで説明書の下書きを書く。	友達に読んでもらっておもちゃをつくってもらい、下書きを直す。	おもちゃの説明書を清書し、おうちの人に作ってもらって一緒に遊ぶ。
4時間		2時間	1時間

▶単元のゴールイメージ

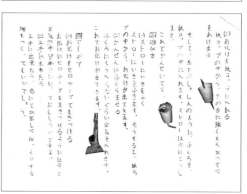

図 2-1　子どもの作った作品

┌─ 学習環境デザインの 3 つの視点 ─────────────┐
│　「こと」デザイン　具体と言葉を結びつける言語活動「おもちゃの説明書を　│
│　　　　　　　　　　書く」　　　　　　　　　　　　　　　　　　　　　　　│
│　「もの」デザイン　子どもの思考を引き出す手づくりおもちゃ　　　　　　　│
│　　　　　　　　　　非連続型テキストの表現力を育てる写真シート　　　　　│
│　「ひと」デザイン　違うおもちゃを作った友達とのペア　　　　　　　　　　│
│　　　　　　　　　　意欲を高める書く相手としての保護者　　　　　　　　　│
└─────────────────────────────────┘

ものデザイン ・手作りおもちゃ ・写真シート

▶ 子どもの思考を引き出す手作りおもちゃ

　手作りおもちゃを取り上げたのには大きく分けて 4 つ理由がある。1 つは子どもの意欲が高まるからである。実際子どもたちに「おもちゃを作りましょう」と投げかけると子どもたちは大喜びであった。子どもたちが夢中になって活動できる可能性を多くもった教材であると考える。

　2 つ目は順序を考えるには最適な教材であるということである。おもちゃを作る際に順序を変えてしまうとできなくなってしまうことも多くある。また順序があっていたとしても「はじめに」「次に」などと順序を表す言葉を用いてわかりやすく書かないと相手には伝わらない。順序を学習するにはもってこいの教材であろう。

　この学習では「ぴょんぴょんがえる」と「にょきにょきおばけ」の 2 つの手作りおもちゃづくりに取り組んだ。10 以上の手作りおもちゃを実際に作成し、この 2 つを選択した。「ぴょんぴょんがえる」はかえるの絵を描いた紙にゴムを結びつけ、その反動で飛ぶおもちゃである。「にょきにょきおばけ」は傘袋におばけの絵を描き、その先にストローをつけて紙コップの中に入れる。ストローを吹くと中からおばけが出てくるという仕組みである。この 2 つのおもちゃを選んだ理由は 3 つある。

図 2-2　ぴょんぴょんがえる

図 2-3　にょきにょきおばけ

　1 つ目は、図工としては簡単にできるということである。あまりに難しいものであると子どもたちは上手に作ることができず、達成感をもてなくなる。また難しいと作ることに集中してしまい、説明するためにどうするかというところに子どもの思考が

集中できなくなってしまう。時間としては子どもでも10分でできるもの、図工の学習にならないようなものを選んだ。

2つ目は順序を間違えるとできないということである。「ぴょんぴょんがえる」であれば紙の部分を作ってからゴムを通さないといけないし、「にょきにょきおばけ」であればストローと傘袋を付けてから紙コップに通さないとできない。子どもにどういう順序で作ればよいのか考えられるものにすることが重要である。

3つ目は間違えやすいポイントがあるということである。「ぴょんぴょんがえる」では紙と紙の間に少し隙間をあけなくてはうまくできないし、「にょきにょきおばけ」であれば傘袋とストローの間に隙間があるとふくらまない。このように図工としては簡単であるが、国語としては難しいものを吟味し、選んだものがこの「ぴょんぴょんがえる」と「にょきにょきおばけ」なのである。

図2-4　隙間をあける

図2-5　隙間をあけない

このようにおもちゃは複数の中から吟味し、子どもの思考を引き出せるような手作りおもちゃを選ぶ必要がある。

▶ 非連続型テキストの表現力を育てる写真シート

説明書には写真や図を用いた非連続型テキストが多い。そのため子どもたちも非連続型テキストに挑戦する。しかし今回は写真を撮ることはせず、教師が撮った写真シートで使いたいものがあれば使うということにした。そうしたのには、非連続型テキストで表現するのはこの単元が最初だからである。どの写真をどのようなアングルで撮るのかを考えさせることは大きな負担になる。しかし初めての非連続型テキストの学習なので、写真の撮り方に大きくエネルギーを割くことは今回の学習の目的から外れてしまう。そのため今回は教師が写真シートを子どもに与え、順序や言葉に集中できるようにした。

▶ 具体と言葉を結び付ける言語活動「おもちゃの説明書を書く」

おもちゃの説明書を書く活動にしたのには、順序以外にも以下の2つの理由があ

る。

　1つ目は言葉と具体を結び付けて表現することができるということである。おもちゃの説明書を読む中で子どもたちは言葉を動作に移すことになる。そのときに言葉が何を指し示しているのか、または何を指し示していないのか子どもは実感として学ぶことができる。その中で子どもは作り方を伝えるにはどのようにしたらよいのかを考え、言葉を選んだり、付け足したりすることができると考えた。

　2つ目は非連続型テキストの表現を学ぶことができるということである。おもちゃの作り方には言葉だけでは伝えきれないことが多くある。その中で自然と図や写真が必要と子どもは気付くことができる。

びと デザイン
・友達とのペア
・保護者

▶ 違うおもちゃを選んだ友達とのペア

　おもちゃの説明書の下書きが完成した後、違うおもちゃを選んだ友達と相互交流を行い、直すところは直すようにした。おもちゃという具体物と結び付いた活動なので、ペアにして濃密なコミュニケーションを引き出すことが有効と考えた。例えば次のような交流があった。
「にょきにょきおばけ」のストローと傘袋をテープでくっつける場面

図2-6　友達に作ってもらう

> 　A：このあとどうするの？（テープを取った後、くっつけるとしか書いていないので困る。）
> 　B：テープを上から、と書いたほうがいいかな。
> 　　　それともうまくいかなかったらはがして上からと書いたほうがいいかな。
> 　A：そうだね。やってみる。成功！

▶ 意欲を高める書く相手としての保護者

　保護者に説明書を読んで作ってもらい、一緒に遊ぶことを単元のゴールにした。ここでポイントなのは書いて終わりではなく、一緒に遊ぶことをゴールにしたということである。保護者と一緒に遊ぶことで、楽しい思い出をつくることができ、書いてよかった、書くと楽しいことがある、という実感を子どもがもてるようになると考えた。

※この実践は2008年度の都小国研の事前授業であり、部員の方の協力を得て行った。

実践編2「もの」
2 お気に入りの一文を書き抜く力を育てるびっくり箱

単元：おはなしびっくり箱を作ろう！（2年生）

▶育てたい力、意欲

○ 本を好きになること。
○ 自分のお気に入りの文を見付け、書き抜くこと。C（エ）
○ 場面の様子を想像すること。C（ウ）

▶学習環境デザインのコンセプト

　今回の学習環境デザインでは、子どもが本を好きになるという意欲と、お気に入りの一文を書き抜く力、場面の様子を想像するという読む力の両立をどうするのか、というところから始まっている。筆者がこのデザインを思い付いたのは、博物館に行った際、箱の表面にクイズが書いてあって、中には実物が入っているという展示を見たからである。一目見ただけでは意味がわかりにくい一文も、中を開けてみるとその素敵な世界が広がっている。そのようなびっくり箱を作り、友達に紹介することで本が好きになったり、本の世界が広がったりするのではないか、と考えた。また本が好きになるだけではなく、お気に入りの一文を選ぶ力、場面の様子を紙粘土で作ることで、場面を想像する力もきちんと付くのがこの学習環境デザインのコンセプトである。

▶単元計画

0次	1次	2次	3次
レオ゠レオニの世界を楽しみ、レオ゠レオニの本を読む。	自分が選んだレオ゠レオニの作品から、お気に入りの一文を選び、箱のふたの表面に書く。 箱の裏にお気に入りの一文を選んだ理由と書誌情報を書く。	選んだ場面を紙粘土で表現する。	レオ゠レオニびっくり箱を使ってほかのクラスの友達に紹介し、読んでもらう。
	4時間	2時間	2時間
		図画工作の時間	

▶単元のゴールイメージ

図2-7　完成したびっくり箱

```
┌─ 学習環境デザインの 3 つの視点 ─────────────┐
│ 「こと」デザイン　本を好きにする言語活動「びっくり箱を作る」
│ 「もの」デザイン　お気に入りの一文を書き抜く力を育てるびっくり箱
│ 　　　　　　　　　読書好きにする教室環境
│ 「ひと」デザイン　学び合いを生む同じ本を選んだ子どもでの小グループ
│ 　　　　　　　　　意欲を引き出す隣のクラス
└──────────────────────────────┘
```

もの デザイン
・びっくり箱
・教室環境

▶ お気に入りの一文を書き抜く力を育てるびっくり箱

パーツ1　ふたの表

　びっくり箱のふたにはお気に入りの一文を書く。このときの用紙はコピー用紙で木と同じ色になっている。これだけでは何の文なのか見ている人はわからない。

　このパーツは、文章の中の大事な言葉や文を書き抜くことをねらった。

パーツ2　ふたの裏

　箱を開けると、箱のふたの裏が見える。箱のふたの裏にはその一文がどの本なのか、書誌情報（題名、副題、作者、訳者、出版社）を書く。

　その後にどうしてその一文がいいと思ったのかを考えて書く。まだ理由をきちんと書けない児童も多いので、理由の書き方もしっかりと指導する必要がある。最後に自分の名前を書いて完成である。

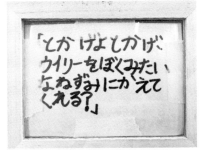

図2-8　パーツ1　びっくり箱のふたの表

図2-9　パーツ2　びっくり箱のふたの裏

　書く用紙は、色上質紙にして、自分が書きたい用紙を選んで書く。箱の外はシンプルに、中身はカラフルに、というコンセプトである。

　このパーツも文章の中の大事な言葉や文を書き抜くことをねらった。どうして大事な文なのか、自分の考えをもつこともエの指導事項の中に含まれた大切な能力であると考えている。

パーツ3　箱の中身

　箱の中身はお気に入りの一文が書かれている場面を紙粘土で表現する。まず、紙に背景を描き、紙粘土で登場人物などを作る。乾いたら色を塗り、それも乾いたら粘土用ニスを2度塗る。

このパーツは、場面の様子について、登場人物の行動を中心に想像を広げながら読むことをねらった。場面の様子を登場人物と一緒に立体に表現することで、想像する力を育てられると考えた。またここで立体にしたのは、レオ＝レオニの絵本は平面の作品として完成されたものであり、そこから想像をふくらませるのは困難であると考えたからである。立体にすることで、このへびの大きさは

図2-10　パーツ3　箱の中身

どれくらいなのか、位置関係はどうなのか、などと子どもは想像をふくらませることができる。この部分は図工の学習にもなり、図工の時数で作成していく。

▶ 読書好きにする教室環境

教室にレオ＝レオニ展で買ってきたレオ＝レオニのはがきやぬいぐるみを置き、子どもがレオ＝レオニに興味をもつようにした。また教室にレオ＝レオニの絵本を並べ、子どもが自然に読むようにした。その後、授業中もレオ＝レオニを読みたい、という意見が子どもから出たので、「レオ＝レオニどくしょカード」を渡し、たくさん読んでみようと投げかけた。すると子どもたちは夢中になって

図2-11　教室に本を置いておく

読み始めた。その後筆者が、手本として作っておいたびっくり箱を置いておくと、それを見つけた子どもが「これを作りたい」と言い、クラス全体でも作りたいということになったので作ることにした。教師が「作りましょう」というのではなく、子どもたちから「作りたい」と言わせるよう教室環境を工夫することが重要である。

ごと デザイン　・本を好きにする言語活動

▶ 本を好きにする言語活動「びっくり箱を作る」

この単元では、びっくり箱でお気に入りの本を紹介する言語活動を行う。子どもたちはお気に入りの本を伝えたくてしょうがないので、夢中になって活動に取り組んでいた。

まず自分のお気に入りの作品を読む前に『スイミー』でお気に入りの一文を選ぶ学習を行った。そこで友達同士でお気に入りの理由を交流した。そのことでお気に入りの理由が広がる子どもがほとんどだった。例えば「スイミーが速くてかっこいい」、という登場人物の特性を理由としてお気に入りの一文を選んでいた子どもが、友達の

「うなぎが長くてびっくりした」という情景、「まぐろを追い出せてよかった」というストーリー展開を理由としたものを知り、お気に入りの理由を広げることができた。お気に入りの理由を広げると本を好きになる理由が増え、本をますます好きになると考えられる。

図2-12　隣のクラスの人に見てもらう

　最後に隣のクラスの友達に紹介する会を行った。この会で隣のクラスの友達に紹介して、お気に入りの本を読んでもらったという経験は、自分の学習した成果を実感できるとてもよい機会であった。実際クラスの全員の子どもが「楽しかった」と答えているし、34人中31人が「本を好きになった」、3人が「少し好きになった」と答えた。

びと デザイン　　・小グループ
　　　　　　　　　　・隣のクラス

▶ 学び合いを生む同じ絵本を選んだ友達との小グループ

　お気に入りの絵本が決まった後は同じ絵本を選んだ子どもで小グループをつくり、自然と助け合えるようにした。常に一緒にいることで、子どもたちは特に交流の時間をとらなくても、自分たちで助け合ってびっくり箱を作っていた。

　また活動の際には静かにするというよりはできるだけリラックスした雰囲気にして、自由に相談し合えるようにした。そのことにより困ったときに友達からアドバイスをもらうことで学び合うことができていた。

▶ 子どもの意欲を引き出す隣のクラス

　びっくり箱を紹介する相手を同じクラスや他学年ではなく、同じ学年の他クラスに設定した。それには2つ理由がある。

　1つ目は本を読んだことのない友達に紹介することで、この本を好きになってもらおうという意欲が高まるからである。まだ読んだことのない友達に、自分のお気に入りを好きになってもらおうと、子どもたちは一生懸命に活動に取り組んだ。

　2つ目は自分たちと同じ年頃の友達に紹介することで、自分の表現したいことを表現できるからである。1年生相手では難しい言葉を使えないなどの配慮が必要になる。上級生相手ではこの本は読んでいるかもしれないし、背伸びをした表現を使うかもしれない。自分が好きになった理由を紹介しても相手が同じ規準で好きになってくれる可能性は少ない。

　しかし同学年の他クラスであれば自分が初めて読んだ本を読んでいる可能性は低いし、自分たちに合った表現をのびのびとすることができると考えた。

3 問題発見を生むライトキューブと子どもの思考を引き出すスマートフォン

単元：ライトキューブアニメのメイキングビデオをつくろう

（5年生）

▶ 育てたい力、意欲

○ 問題発見や、協働して活動することのよさを実感すること。

○ ライトキューブアニメの伝え方を、相手に伝わるように構成を考えて話すこと。
A（イ）

○ 相手に伝わるように、ビデオのアングルやズームなどを工夫すること。

▶ 学習環境デザインのコンセプト

　今回の学習環境デザインでは、大きく分けて2つのことを考えた。1つは子どもが自ら問題を発見し、それを協働して解決することである。これからの子どもたちは、言われたことのみを行うのではなく、自ら問題を解決していくことが求められる。また1人で活動するのではなく、グループで協働して何かを成し遂げることが要求されている。その問題解決や、協働を引き出すためにライトキューブを用いることにした。2つ目はメイキングビデオを作ることを通して、相手にわかりやすく伝えることを学ぶということである。実際に相手に見てもらうことにより、説明が抜けていたところ、詳しくすべきところ、画面を変えるところを発見し、改善する。また子どもたちが改善することに集中できるよう、画像を撮ったり、編集したりすることが容易にできるようにスマートフォンが進歩している。それを用いて、子どもたちが相手に伝える力を付けることをねらった。

▶ 単元計画

3次	2次	1次
となりのクラスに作ってもらい、メイキングビデオを改善する。	となりのクラスに伝えるメイキングビデオを作る。	自分たちでライトキューブを作り、アニメを作る。
1時間	1時間	2時間

▶ 単元のゴールイメージ

図2-13　最初のビデオ

学び合いを通すと

図2-14　改善されたビデオ

学習環境デザインの3つの視点

「こと」デザイン　協働を生むアニメ作り

　　　　　　　　　問題発見・解決を誘発する言語活動

　　　　　　　　　「メイキングビデオを作る」

「もの」デザイン　問題発見を誘発するライトキューブ

　　　　　　　　　子どもの思考を引き出す中古スマートフォン

「ひと」デザイン　協働・分担が生まれる4人組

　　　　　　　　　ビデオを見てもらう隣のクラス

もの デザイン　・ライトキューブ
　　　　　　　　　・中古スマートフォン

▶ **問題発見を誘発するライトキューブ**

　ライトキューブとは、紙を折った箱の中に光るLEDを入れたものである。赤、青、黄、緑の4色のLEDとボタン電池をセロハンテープでくっつけ、紙の箱の中に入れることで、きれいな光る箱ができる。その箱を多数作って、少しずつ動かして写真を撮り、それをつなげてアニメを作る。

　ライトキューブを利用したのには2つ理由がある。1つは作るのは簡単だが、まちがえ

図2-15　ライトキューブ

やすいポイントがあるということだ。大きなポイントは以下の2つである。1つ目はボタン電池のプラスの面とライトキューブの長い線をくっつけないと光らないということである。LEDには＋と－があり、それと合う電線をくっつけないと当然光らない。2つ目はアニメを作る際の操作の説明を付け足しやすいということである。どうしても子どもたちはアニメを作るためにライトキューブを動かすことに注目してしまい、それを撮影する方の説明を忘れがちである。自分が使っているメディアは体の一部になっていて、その説明を忘れてしまうことはよくあり、問題発見しやすくなる。

　いずれも、子どもたちが問題を発見することを誘発するメディアとしてライトキューブは適切であると考えられる。

　2つは完成がわかりやすく、問題を発見しやすいことである。うまくいったかいかなかったかは光るか、光らないかではっきりとわかる。そのため子どもたちは光らなかった場合に何か問題があるのではないか、と考えることがすぐにできる。問題解決を重視する学習ではこのようにわかりやすいメディアを用いることで子どもの問題発見、解決を誘発できると考える。

▶ 子どもの思考を引き出すスマートフォン

　中古スマートフォンは、写真撮影、ビデオ撮影、ビデオ編集、アニメ作成、録音など様々な機能がついている小さい多機能ICTである。しかも中古なので高価なものではない。これから注目されていくICTであろう。今回中古スマートフォンを各班2台用意した。1台はアニメ作成用、2台目はメイキングビデオ用である。2台目はビデオ撮影、またビデオ編集を行う。このスマートフォンを用いたのには大きくわけて2つの理由がある。1つ目は子どもが思考に集中できるからである。近年技術の進歩により、ビデオ撮影や編集がとても簡単にできるようになっている。そのことにより、子どもが操作のほうに思考を取られることなく、どのようなアングルで撮ればよいのか考えたり、撮影したビデオの順序を変えたり、ビデオを入れ替えたりすることができる。子どもの表現の道具、思考の道具としてスマートフォンは有効であると考えられる。

　2つ目はとても小さいということである。スマートフォンは子どもの手でも持つことができ、なおかついろいろなアングルで対象をとらえることができる。とても小さいので子どもが操作しやすく、負担なく思考に集中できると考える。

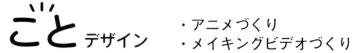

ごと デザイン　　・アニメづくり
　　　　　　　　　・メイキングビデオづくり

▶ 協働を引き出すアニメ作り

　ライトキューブ作りのメイキングビデオではなく、ライトキューブを用いたアニメのメイキングビデオにしたのには2つ理由がある。1つ目は協働を生むということである。このライトキューブを使ってアニメを作る際に、協働や分担が必要になってくる。なぜならカメラを撮影する、アニメを作る、箱を動かすなど1人では絶対にできない活動で、自然と協働が生まれてくると考える。

　2つ目は達成感があるということである。できたライトキューブ自身もとてもきれいである。しかし、それを動かしてアニメにするともっと美しくなり、子どもたちは意欲が高まる。できたものがきれいなものであるということは子どもの意欲を引き出す上でも重要な要素であると考える。

▶ 問題発見・解決を誘発する言語活動「メイキングビデオを作る」

　メイキングビデオを作る言語活動には2つの効果がある。1つ目は協働を引き出すということである。メイキングビデオを作ることも1人ではできない。ビデオを撮影する人、セリフを話す人など協働したり、分担したりすることが必然となる。そのため子どもたちは自然と協働、分担を行うと考えた。

　2つ目はメイキングビデオを改善することで、相手にどのように伝えたら伝わるのかを考えることができると考えた。子どもたちは大きく分けて2つの方向でビデオを改善していた。

　1つ目は説明を詳しくしたり、新しい説明を入れたりしたことである。電池の＋の

ほうに LED の長いほうをくっつけること、アニメを撮影するスマートフォンの使い方を付け加えている子どもがいた。またこちらが予め考えていたものだけでなく、最初に何のアニメを作るのか話し合いましょう、というセリフを付け加えたグループもあった。2つ目は映像を工夫したことである。映像メディアであるので、どういう画面で伝えるかは重要である。ボタン電池を拡大してプラスの文字が見えるようにしているグループや、後ろに下がり、全体が見えるようにしているグループがあった。

　メイキングビデオを作り、それを隣のクラスの友達に作ってもらうことを通して子どもたちは問題を発見し、それを改善するために思考し、表現することになる。それを引き出したのは、メイキングビデオという言語活動なのである。

びと デザイン　・4人組
　　　　　　　　・隣のクラス

▷ 協働・分担が生まれる4人組

　この学習を何人で行うともっとも効率的なのかを考え、4人組にすることにした。なぜならアニメのメイキングビデオを作成するには以下の4つの仕事が必要になると考えからである。

・カメラマン：メイキングビデオを撮影したり、アングルを考えたりする。
・俳優：実際にビデオに出て、手を動かしたりする。
・ナレーター：説明を考え、音読する。
・監督：全体を見て、指示をするリーダー。

　実際には4つの仕事をそれぞれが行うというよりは、子どもたちが交互にいろいろな役割を果たしていた。しかし4人組が効果がもっとも出ると考えた。

▷ ビデオを見てもらう隣のクラス

　ビデオを見てもらう相手を同じクラスや他学年ではなく、同じ学年の他クラスに設定した。それには2つ理由がある。

　1つ目は見たことのない友達に見せることで、自分たちが伝わるつもりであったが伝わらないことを見つけるためである。友達がビデオを見ながらうまくいかないのを観察し、そこから問題を発見し、解決することができると考えた。実際子どもたちは隣のクラスの友達が困っているところから、ボタン電池、スマートフォンの説明などを見つけることができた。

　2つ目は自分たちと同じ学年の友達に紹介することで、困っていることを気軽に聞けると考えたからである。この5年生は夏休みに宿泊行事を学年でしており、クラスを超えて、信頼関係が築けている。そこで困っているところを聞いたり、相談したりできるのではないかと考えた。一緒に活動するにはある程度の関係ができていたほうが学習が深まると考えた。

※この実践は Benesse Holdings の協力を得て、行った。

実践編2「もの」
4
想像力を引き出す LEGO ブロック

単元：LEGO で物語をつくろう（3年生）

▶ 育てたい力、意欲

○ 書くことの楽しさを実感すること。
○ 登場人物の設定を決めて物語を書くこと。B（ア）
○ はじめ・中・おわりの構成を考えて書くこと。B（イ）

▶ 学習環境デザインのコンセプト

　今回の学習環境デザインでは、大きく分けて2つのことを考えた。1つ目は書くことの楽しさを味わうということである。どうしても書くことはめんどうくさい、嫌だという子どもが多い。その子どもたちが楽しく書くことを学ぶことができないか、というのがねらいの1つである。2つ目は、書く力を身に付けるということである。はじめ・中・おわりという構成意識を自然と身に付けられるような学習環境をデザインすることをねらった。構成表を作って書かせても、形だけの構成表になっていて、はじめ・中・おわりを分けられていない授業も多く見られる。楽しく、そして構成を考える力の付く学習環境デザインを考えた。

▶ 単元計画

次		時間
1次	LEGOで遊ぶ。	1時間
2次	登場人物の設定を決める。	1時間
	構成を考えながら、はじめ・中・おわりの写真を3枚撮る。	1時間
3次	3枚の写真から物語を書き、交流する。	2時間

▶ 単元のゴールイメージ

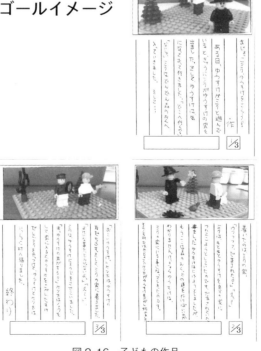

図 2-16　子どもの作品

学習環境デザインの３つの視点

「こと」デザイン	構成意識を引き出す言語活動「物語をつくる」
「もの」デザイン	子どもの想像力を引き出す LEGO
	子どもの構成意識を引き出すアプリ「story starter」
「ひと」デザイン	LEGO を共有する５人組

ものデザイン

・LEGO
・アプリ「story starter」

子どもの想像力を引き出す LEGO

LEGO を用いたのには子どもの想像力を引き出す３つの理由があると考えたからである。１つ目の理由は、子どもが物語をつくりやすいということである。物語を書こうと子どもに言ってもなかなか想像して物語を考えられない子どももいる。しかし本来子どもは物語をつくって遊んでいたはずである。どの子どもにも小さいころにブロックや人形を作ってごっこ遊びをしながら物語をつくっていた経験があると考える。

図 2-17　まず楽しく遊ぶ

そのため子どもたちにとって LEGO ブロックを使って物語を想像させることにした。まず子どもたちに物語を書くことを告げずに遊ばせて、自然と物語をつくるようにさせる。その中で思い浮かんだ物語を書くことにした。実際子どもたちは夢中になって遊び、教師からの指示がなくてもその中で自然とブロックを使って家や景色をつくったり、人形を使って物語をつくったりしている様子が見られた。

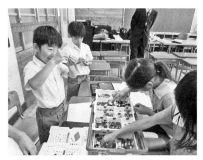

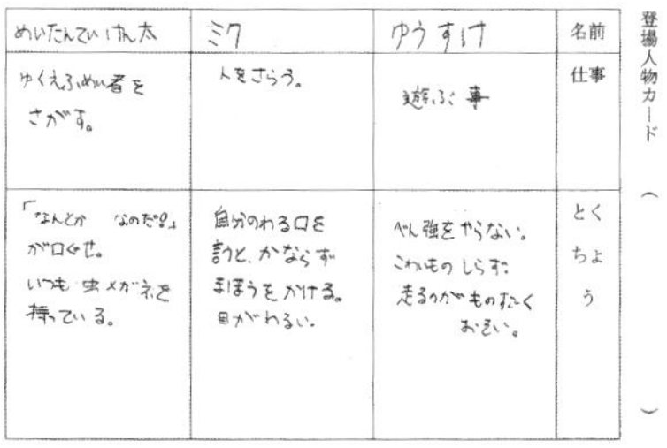

めいたんていけん太	ミク	ゆうすけ	名前
ゆくえふめい者をさがす。	人をさらう。	遊ぶ事	仕事
「なんとか　なのだ!」が口ぐせ。いつも虫メガネを持っている。	自分のわる口を言うと、かならずまほうをかける。目がわるい。	べん強をやらない。こわいものしらず。走るのがものすごくおそい。	とくちょう

登場人物カード（　　）

図 2-18　登場人物の設定をする

２つ目の理由は、人形があるということである。人形にいろいろなものをもたせたり、服を着せたり、髪の毛や帽子をかぶせたりすることで、子どもたちはいろいろな登場人物を設定できる。０から登場人物を設定することが難しい子どもも LEGO ならば自然と登場人物を決めることができる。確かに人形やもの、服装、髪の毛があることで子どもの想像を制限するという見方もできる。しかしある程度の制限があることで、子どもはその分想像しやすくなる子どもも多くなるし、制限

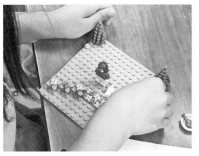

図 2-19　遊びながら物語をつくる

があるからこそ、それを利用して想像することができると考える。そしてそこで作った人物がどのような人物なのか、登場人物カードに書かせた。そのことで子どもたちは、人形という制限はあるもののそこから想像をふくらませることができた。

　3つ目の理由は景色など様々なシーンのものがあるということである。木や動物など様々なパーツがある。それを使って遊んでいるうちに自然と景色ができる。図画工作の学習で題材から想像するという学習がある。LEGOも同様で子どもがLEGOブロックで遊んでいるうちに自然と想像が広がると考えた。実際子どもたちにある程度お話ができたら登場人物を動かしながら、友達に聞かせるという活動も取り入れた。そのことにより、子どもたちはLEGOから想像をふくらませて物語を作ることができた、と考えている。

▶ 子どもの構成意識を引き出すアプリ「story starter」

　LEGOで想像をふくらませたら、それをタブレットで写真を3枚撮った。はじめ・中・おわりの3枚の写真を撮ることで、自然と物語のはじめ・中・おわりを意識できると考えた。教科書の物語を書く題材ではじめ・中・おわりとはどういうものかを確認した後、それに対応する場面の写真を撮る。最初の場面、出来事が起きた場面、出来事が解決した場面の3つの写真である。タブレットには3

図 2-20　場面の写真を撮る

枚の写真をくっつけて3コマ漫画のようにするアプリ「story starter」が入っている。それを印刷して紙に貼り、3つの場面の物語を書くことにつなげた。

 デザイン　・構成意識を引き出す言語活動

▶ 構成意識を引き出す言語活動「物語をつくる」

　今回は物語を書くという言語活動を取り入れた。その理由は大きく分けて3つある。1つ目は子どもにとって楽しい活動になるということである。子どもたちの中で物語は小さい頃から読み聞かせで聞いてきたものでもある。そのせいか、物語を書くことを伝えると大喜びをする。やはり子どもたちに書き終わった後に、書いてよかった、また書きた

図 2-21　場面に合わせてあらすじを書く

い、と思ってもらいたいので、物語を書くという言語活動は子どもの意欲を引き出すのに適した言語活動であるといえるだろう。

　２つ目は物語にはストーリーがあり、構成意識を育てるには適した言語活動である。物語にはいろいろな構成の立て方があるが、今回ははじめ・中・おわりに対応するように状況設定、事件のはじまり、事件の解決という展開にした。物語を書くためにはストーリーを考えなくてはならない。そのため物語を書くことを通して自然と構成意識を育てることができるのである。具体的には、3 枚の写真をもとに物語あらすじカードを書く。その後、はじめ・中・おわりの 3 枚のカードに物語を書いた。ここでは構成に合わせて書くことが目的なのでカードは 3 枚とし、その中で物語を書いてもらった。

　３つ目は想像力を育てることができるということである。想像力とは好き勝手に想像する能力ではなくて、目の前のブロックと自分が考えた人物設定、構成を結び付けて矛盾のないよう物語にする能力である。この人物がこの場面ではどのようなことをするのか、矛盾しないように想像して結び付けることは論理的思考力とも呼べる重要な能力である。物語はこのような論理的思考力に近い想像力を育てることができる言語活動であるといえよう。

びと デザイン　　・LEGO を共有する 5 人組

▶ LEGO を共有する 5 人組

　今回は 5 人で 1 つの LEGO セットを共有して使うことにした。それには 2 つの理由がある。1 つ目は LEGO セットを一緒に使う中で自然と交流が生まれると考えたからである。自分が作ったものを見せ合ったり、相談したりするなど子どもたちが自然と交流している姿が見られた。また言葉だけではなく、相手の作品や行動を目にして自然と参考にする場面も見られた。このように 1 つの箱の周

図 2-22　5 人組で活動する

りで作業することにより、言葉だけではない目による学び合いが生まれ、子どもたちに新しいアイディアを生み出すきっかけになると考えた。

　２つ目はあえてブロックの数を制限することで、子どもたちの思考を引き出すことを考えた。無制限にブロックを渡すのではなく、ある程度の制限をすることで、限られた中でどのように話をつくるのかを考えることで想像力を引き出すことができると考えた。

※この実践は LEGO Education、誠文社の協力を得て行った。

5 子どもの思考を引き出す コンピュータ

実践編2「もの」

単元：1年生に物語を書こう（5年生）

▶育てたい力、意欲

○ 書くことの楽しさを実感すること。
○ 構成を考えて物語を書くこと。B（イ）
○ 相手に伝わりやすいように推敲すること。B（オ）

▶学習環境デザインのコンセプト

　今回の学習環境デザインでは、子どもたちが主体的に物語を書きながら、書くことの楽しさを実感したり、より相手に伝わりやすくなるように推敲する力を身に付けたりすることをねらった。今回はワープロソフトを用いた。子どもたちがワープロソフトを用いながら物語を書き、それをもとに1年生に読み聞かせをするという活動を考えた。ワープロソフトを用いることで、子どもたちは負担に感じることなく文章の推敲をすることができる。その分表現に集中し、この言葉で本当に相手に伝わるのかどうか吟味することができると考えた。

▶単元計画

3次	2次	1次	
挿絵を入れて清書をし、1年生に読み聞かせをする。	主人公と自分が書きたいテーマを結び付け、簡単な構成とあらすじを書く。『そらまめ君とめだかの子』を読み、人気の理由を話し合う。 構成表をもとに物語を書き、交流して書き直す。	下級生へのお世話をし、1年生への思いを高めている。	
2時間	2時間 5時間	1時間	

▶単元のゴールイメージ

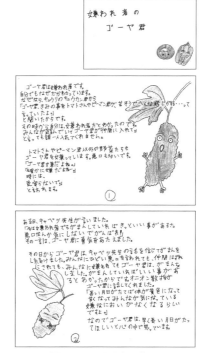

図2-23　子どもの作品

学習環境デザインの３つの視点

「こと」デザイン　子どもの意欲と思考を引き出す言語活動
　　　　　　　　　「物語を１年生に書いて読み聞かせをする」
「もの」デザイン　子どもの思考を引き出すコンピュータ
　　　　　　　　　子どものイメージを明らかにする絵本
「ひと」デザイン　読み聞かせをする相手としての１年生

もの デザイン　　・コンピュータ
　　　　　　　　　　・絵本

▶ 子どもの思考を引き出すコンピュータ

　コンピュータは簡単に直すことができるし、場所を入れ替えることも簡単にでき、考えることに集中することができる。例えば以下のような子どもがいた。＿＿は、付け足した部分、＝＝は削除した部分である。④、⑤、⑥はそれぞれ書き始めて４時間目、５時間目、６時間目の終わりの状態である。

---

④ 役に立つのに、、、

　　　　　　　　　斉藤　太郎

　あるところに、いつも箱の中で一人ぼっちで過ごしている道具がありました。その名はホッチキス君です。「ぼく、役に立つのになぁ、なんで使ってくれないの。」とばかり思っていました。

　ホッチキス君の仲間は、のり君とテープ君とはさみ君。

　そして、次の日ホッチキス君は、真白い世界にいました。「ここはいったいどこだろう。ある物といえば、ねじや、使えなくなった道具がある。ここは、もしかして、ごみぶくろの中だ。」

　あわてんぼうのホッチキス君は、急いでここから出ようと思いましたが、自分の力では無理です。「ここからどうやって出ようかな。」と心配になってきました。そのころのり君たちは、外をながめていました。すると、はさみ君が言いました。

　「あそこにあるごみぶくろが動いているよ。」のり君が言いました。「あっ、ホッチキス君だ。」ホッチキス君が、ごみぶくろの中にいることに気づき、急いで助けに行きました。

　「でも、どうやって助ける。」

　のり君が言いました。

　「だったらぼくを使ったら。」

　はさみ君が言いました。

　「そうしよう。」

　みんなが大さんせいしました。

まず、はさみ君がふくろを切り、テープ君がホッチキス君を助けました。でも、今度は、テープ君が動けなくなってしまったのであら大変。
「みんな、助けて。」
するとホッチキス君が、それに気づき、みごと助けました。
そして、持ち主にホッチキスの特ちょうを絵に書き見せました。
その後もずーっと幸せな暮らしをしました。

---

⑤ あるところに、いつも箱の中で一人ぼっちで過ごしている道具がありました。その名はホッチキス君です。
　（中略）まず、はさみ君がふくろを切り、テープ君がホッチキス君を助けました。
「ありがとう。」
　でも今度は、テープ君が動けなくなってしまったのであら大変。ふくろに入ってしまいました。これは、大変。「みんな、助けて。」するとホッチキス君が、それに気づき、みごと助けました。
　ホッチキス君は、助けようと思いましたがしんがあと一つしかないので迷いました。
「どうしよう、でも、仲間だから、やっぱり助けよう。」
　そして、ホッチキス君は、勇気を出して、助けました。
「ふー、助かった。」
　そして、持ち主にホッチキス君の特ちょうを絵に書き見せました。
　その後もずーっと幸せな暮らしをしました。

---

⑥ あるところに、いつも箱の中で一人ぼっちで過ごしている道具がありました。その名はホッチキス君です。（中略）
　そして、ホッチキス君は、勇気を出して、助けました。
「ふー、助かった。」
　次の日、ホッチキス君達は、学校に行き、人間のためにたくさん活やくしました。

---

　④でほぼ書き終えていたが、その後友達と交流し、⑤では削除したり、追加したりしたところが多くあることがわかる。ホッチキスくんが「ありがとう」というところや、テープ君が袋に入るところ、ホッチキス君が仲間であるテープ君を助けるまでの迷いが書かれている。そして⑥では文章の最後が、持ち主に使い方がわかるように絵を描くというところから、学校に行って人間のために役に立つというように変化している。このようにコンピュータの直しやすいという特性が、子どもの文章を直しているところをはっきりと見ることができる。

▶ 子どものイメージを明らかにする絵本

　いきなり物語を書くように指示を出してもなかなか子どもは書けない。そこで実際に当時小さい子に大人気であった『そらまめくんとめだかの子』をもとに、どうして人気があるのかをクラスで話し合った。そこで登場人物のそらまめくんが友達のために頑張ることがメッセージになっていること、そしてめだかを救うためにふわふわのベッドをぬらすことと、ふわふわのベッドを持ったそらまめくんの特性があっていることを子どもたちは見つけたのである。このように同じ物語を読むときや登場人物の心情を読むときの読み方と、物語を書く際の参考にするときの読み方は全く違う。

ごと デザイン　　・物語を書いて1年生に読み聞かせをする

▶ 子どもの意欲と思考を引き出す言語活動「物語を書いて1年生に読み聞かせをする」

　書いた物語を1年生に読み聞かせをすることで子どもの意欲や思考を引き出すことができる。まず意欲についてである。物語を書いて終わりではなく絵本にして1年生に読み聞かせをすることにより、5年生の子どもは意欲を高めて活動することが考えられる。また実際に読み聞かせをした際に、1年生から「面白かった」、「アンコール」などと言われて書いてよかったと思った子どもも多くいた。次に思考についてである。今回は主人公とテーマを結び付けて物語を書く。つまり主題のある物語を書くことを目指している。1年生のときに大変だったけれど乗り越えたことなどをもとにストーリーを決め、それと主人公の特性を結び付ける。どうしたら相手により伝わるのか、子どもは考えながら書くことになる。

びと デザイン　　・1年生

▶ 読み聞かせをする相手としての1年生

　今回は読み聞かせをする相手を1年生とした。その理由は大きく分けて2つある。1つは高学年にとって意欲がわく相手であるということである。0次で下級生の世話をしている高学年の子どもからすれば1年生のために何かをしよう、と投げかけると子どもたちはとても意欲的になると考えた。2つ目は子どもたちがメッセージを考えやすいということがある。高学年だからこそ低学年のときに悩んでいたことを客観的に分析し、それを物語にしてメッセージを伝えることができると考えた。

実践編2「もの」

6 引用を引き出すインターネットや引用カード

単元：引用を用いて研究博士になろう（6年生）

▶育てたい力、意欲

○ 引用を用いることのよさを実感すること。
○ 引用をするために、資料を探すこと。C（カ）
○ 引用を用いて、説得力のあるポスターセッションをすること。A（イ）、B（エ）

▶学習環境デザインのコンセプト

　今回の学習環境デザインでは、子どもが目的をもって引用を使い、引用することのよさを実感することをねらった。引用の技能だけ覚えても本当の引用にはならない。何のために引用するのかを知り、目的をもって引用することが大切である。また引用するためには、引用する目的をもち、引用するために資料を探して読み、その中から引用すべきものを見つけ、それを引用しながらポスターセッションする話し方をしなければならない。引用をとりまくいろんな思考を引き出すためにインターネットや3色の引用カードを用意した。

▶単元計画

	0次	1次	2次	3次
内容	夏休みの宿題の自由研究で、どのように工夫して自由研究をしたのか、研究名人カードに書く。	資料を探し、研究仮説を立てる。	実際に林間学校に行き、研究仮説を検証する。／研究結果から考察するために引用する資料を探す。／ポスターを書き、ポスターセッションの練習をする。	保護者向けにポスターセッションを行う。
時間	国語2時間 総合3時間	学校行事	2時間／国語2時間 総合2時間	

▶単元のゴールイメージ

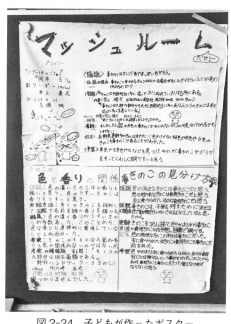

図2-24　子どもが作ったポスター

┌─── 学習環境デザインの3つの視点 ───────────────┐

「こと」デザイン　自由研究を保護者向けにポスターセッションをする言語
　　　　　　　　活動

「もの」デザイン　引用する資料を探しやすくするインターネット
　　　　　　　　引用する目的を明らかにする引用カード

「ひと」デザイン　研究を助け合う研究バディ
　　　　　　　　研究発表を聞く保護者

└────────────────────────────────┘

もの デザイン　・インターネット　・引用カード

▶ 引用の必要感をもたせる2種類の教師の例文

　東京学芸大学附属小金井小学校では学校行事として、4、5、6年生は林間学校に行く。その中でテーマ活動といって1日自分の決めたテーマで自由研究をする時間がある。この学習ではその3年間の総仕上げとしてきちんとした研究をしようと子どもたちに投げかけた。研究として説得力をもたせるには、様々な資料を引用することが必要不可欠である。その引用を子どもたちに必要と思わせるよう教師が例文を用意した。1つは引用がないもの、もう1つは引用があるものである。引用がない例文は、ある子どもが夏休みに毎日チョコレートを何個食べて気持ち悪くなるか調べて平均を出したという架空の例文である。最初に引用のないこの例文を示して子どもに批判をさせた後、引用が付いた例文を見せた。その例文は医者が1日に食べたら気持ち悪くなるチョコレートの重さを説明しているのを引用したものである。この例文では多くの子どもが納得することができた。実際はその引用文が正しいかどうが批判的に吟味する必要がある。しかしそのことで、引用が説得力のある研究には必要であると子どもに気付かせることを考えた。

▶ 引用する目的をもたせる2種類のカード

　子どもに引用する技術だけ教えても、それだけでは実際に引用ができるようにはならない。引用する目的をもち、そのためにどのように資料を探すのか、子どもに考えさせる必要がある。そのため考察カードと引用カードを用意した。

　考察カードは、実験結果から考察を引き出し、その考察を説得力あるものにするためにどのように引用資料を探すのかといった子どもの思考を引き出す。そのことによって子どもたちは引用の技能だけを学ぶのではなく、多様な見方で考察する思考力や、考察を説得的にするためという引用の目的を学

図2-25　考察カード

んでいるのである。

　それから、子どもたちには引用するための
資料を読む、という目的をもった読む活動を
させるため、3色の引用カードを用意した。

　先ほどの考察カードでもった自分の考えを
補強して説得力を増やすものを青、あえて自
分の考えと反対のものを示し、断言しないこ
とで説得力をもたせるものを赤、その他難し
い言葉の解説をするものを黄色と、3色の引
用カードを子どもにもたせ、引用する資料を
探させた。そのことによって、子どもは青の
補強を探そう、赤の反対を探そう、というよ
うに目的をもって資料を探すことができる。
また赤いカードばかり使っていると青が足り

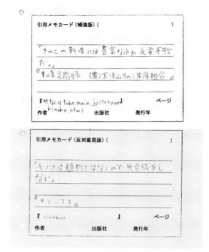

図2-26　2種類の引用カード

ないので青を探そうと、足りないものにも気付いて、資料を探すことができるのである。

　目的をもって資料を探し、よい資料があれば特に詳しく読むところを見つけ、そこ
を詳しく読み、引用に使うことができると判断すれば引用カードに引用する言葉と引
用元をメモしておく。そのことによって目的をもった引用と、引用するという目的に
合わせた読みを子どもができるようになるのである。

▶ 引用する資料を探しやすくするインターネット

　子どもたちは、自分の研究目的を達成する
ため資料を探している。しかし小学校の図書
館からだけでは当然資料を見つけることはで
きない。そこでインターネットを用いて、子
どもに資料を探させることにした。インター
ネットは確かでない情報があるという批判も
ある。本はある程度責任をもった人が書いた
ものだから信用できるというのである。しか
し最近では大学の論文もインターネットで配

図2-27　インターネットで検索する

信されるようになっている。また本でもきちんとした根拠に基づいて書かれていない
ものもある。したがって大事なのはそれが本かインターネットかというメディアによ
るのではない。その情報が正しいかどうか判断するということが大切なのである。子
どもたちにはインターネットで検索させ、それが信頼性のある資料かどうか考えさせ
ながら自分の目的に合う資料を探させることにした。ただ、子どもにインターネット
で検索させるのは難しい。検索するキーワードを工夫する必要がある。例えば「家具
屋をしていてよかったところ」を調べようとして「家具屋」「いいところ」を検索す
ると安い家具屋が出てきてしまう。そのため「家具屋」「家具職人」「いいところ」
「生きがい」と変換する必要がある。それをクラスで確認した後インターネットを使

うようにした。

ごとデザイン　　・保護者にポスターセッションをする

・・

▶ 子どもに主体性をもたせるポスターセッション

　この活動は６年生の最後の宿泊生活のゴールとなる活動である。３年間テーマをもって研究してきたことをもとに、テーマを再設定し、自然の中で観察・実験をし、考察を深めている。そのため子どもたちはとても主体的に活動していて、家でもこのことばかり調べていると保護者から話があったくらいである。自分が知りたいことをもとに追究する活動であり、その活動の中で引用という国語科

図2-28　ポスターセッション

の力をも付けることをねらったのがこの活動である。この活動は最後同級生だけではなく、下級生や保護者に向けてポスターセッションを行う。その際に引用をして発表することで説得力が増し、保護者に納得していただいたという感想をもらった子どももいた。

びとデザイン　　・研究を相談し合う研究バディ

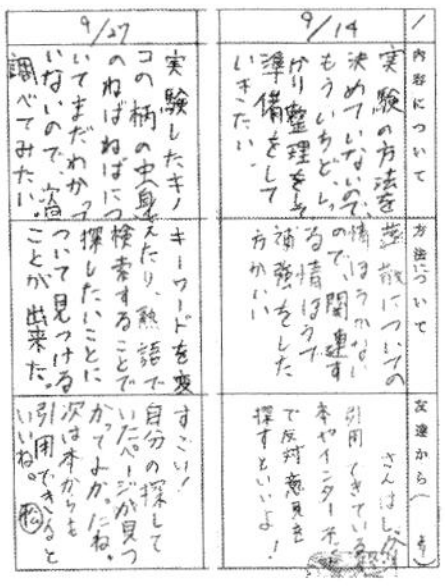

・・

　毎回の振り返りをした後に友達からのコメントをもらうようにした。教師からのコメントがあるのが普通であるが、友達との学び合いが大切であると考え、研究バディからのコメントにした。研究バディとは研究テーマが近い人を選んだ。ここでバディという２人組にしたのは、自分以外の研究をいくつも知るのは困難なので、せめて１つにしようと考えたからである。バディに常に相談することで、研究上の悩みについて一緒に考えたり、バディの研究内容や方法を自分に取り入れたりすることができる。自分の研究について

図2-29　バディとの
振り返りカード

わかってくれるバディには振り返りカードに毎回研究に対するアドバイスを書いてもらうことにした。

　また静粛に研究を進めるのではなく、困ったことがあれば気軽に話し合えるような雰囲気を作ったり、図書室の丸テーブルを用いるなどリラックスして考えることができるようにしたりした。

7 違った視点を引き出す虫眼鏡

実践編2「もの」

単元：拡大図鑑を作ろう（3年生）

▶育てたい力、意欲

○ 書くことの楽しさを実感すること。
○ 図と言葉を関連させて書くこと。B（ウ）
○ 簡単な構成を考えて書くこと。B（イ）

▶学習環境デザインのコンセプト

　今回の学習環境デザインでは3年生が必要感をもって図と関連させた文章を書く手立てを考えた。そこで虫眼鏡を用いて、学校中を探検し、面白いものを見つけてその説明文を書くという学習を行うことにした。普段学校で生活していて、何気なく見えるものでも虫眼鏡で拡大すると面白く見えるものがある。それを学校のことを自分たちよりも知っている高学年に伝えるという活動にした。そのことで子どもが夢中になって活動しながら、図と文章を関連させて書く力が身に付くと考えた。

▶単元計画

3次	2次	1次
5年生に読んでもらう。	拡大図鑑の文章を書く。	拡大図鑑に載せる図を2つ描く。	学校を探検して拡大して面白いものを見付ける。
1時間	2時間	1時間	1時間

▶単元のゴールイメージ

図2-30　子どもの作品

もの デザイン　・虫眼鏡

▶ **違った視点を引き出す虫眼鏡**

　今回の学習では虫眼鏡を用いた。虫眼鏡を用いた理由は2つある。1つ目は子どもの意欲を引き出すということである。3年生の子どもは理科の学習で虫眼鏡を用いて観察する学習を経験している。その学習の中で普段見えているものでも、拡大して見ると違って見えることの楽しさを実感している。それを国語科の授業で用いると子どもに伝えただけで子どもたちは大喜びになるであろう。

　2つ目は違った視点を引き出し、子どもの思考を広げる役割を果たすと考えたからである。普段見えるものでも拡大すると違って見えることは先に述べた。それを実感させるために拡大クイズ大会を行って、子どもの思考を引き出した。例えば下の図2-31の写真を見せて、これは何の拡大図かを子どもに尋ねる。しかしなかなか子どもたちから正解は出ない。そこでこれはお客さん用の下駄箱で、この穴は空気が抜けて、扉を開けやすくするためについていると図2-32を見せて子どもに伝える。そうすると子どもたちは学校の中には拡大すると面白いものがあることに気付き、普段見えているものを違う視点で見てみようとすると考えた。

図2-31　拡大図

図2-32　下駄箱の図

　実際子どもたちは学校の中で普段見ているものを別な方向から拡大して様々な発見をしていた。手すりを下からのぞいて拡大してみると穴が開いていること、ボールには小さいつぶつぶがついていてすべり止めになっていること、人工芝のマットには土を下に落としやすくなるように三角形の構造をしていることなどに気付くことができた。これらすべて、普段何気なく見ているものであるが、虫眼鏡を持つことで、普段とは違うものの見方で見てみようと子どもが考えたから発見できたものであろう。

図2-33　手すりを下から覗くと…

図2-34　手すりに穴が空いている

図2-35　ボールを拡大する

図2-36　泥落としマットを拡大する

ごとデザイン　・図と言葉を結び付ける言語活動

▶ 図と言葉を結びつける言語活動「拡大図鑑を作る」

　ものを違う視点で見るという思考を虫眼鏡で引き出すことができた。後はそれを国語科として図と言葉を関連させる学習になるよう、サプリメントを考える必要がある。そこで拡大図鑑を作るという言語活動を取り入れた。拡大図鑑とは、普通に見た図と拡大図を載せて、その不思議を説明するという言語活動である。

　図と言葉を関連させるため、右のような表現例を子どもに示し、使う必要があれば使うように指導した。子どもに示した表現例は右の通りである。また、図1，図2と図の番号を示したり、拡大する部分を○で囲んだりするよう図の作成の仕方も指導した。

　このような図と文章を関連させて表現する能力は非連続型テキストが増えてきた現代、必要不可欠な能力であると考えている。

図と文しょうをつなげるひょうげん

① 下（上・右・左）の図を見てください。
② 図の上（下・右・左）のぶぶんを見てください。
③ 図1と図2をくらべてみましょう。
④ 図には何がうつっているのでしょう。○○がうつっています。
⑤ 図から○○ということがわかりました。
⑥ 図1の○をかく大すると図2のようになります。
⑦ 図1の○○のぶぶんが図2です。

図2-37　子どもに示した表現

▶ 子どもが書きやすい下敷き用紙

今回子どもは図と文章の両方を用いて表現しなくてはならないので、原稿用紙では書くことができない。しかし白紙のままでは、どれくらいの文字数を書けばよいのか子どもがわからないし、曲がってしまうことも考えられる。一生懸命作成しても見た目がきれいにできなくては子どもたちの達成感が減ってしまうと考えた。

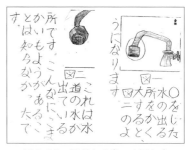

図 2-38　子どもの書いた図と文

そこでマス目を印刷した紙を白紙の下に敷き、それをクリップで留めてずれないようにして書くことにした。そのことにより、子どもたちは図と言葉を関連させた表現に集中することができるし、見た目も整ったものになり、子どもが書いてよかったと感じるようにした。また 4 マスに 1 文字と字数も限定でき、子どもにとって負担のない活動にもすることができた。

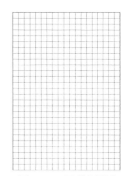

図 2-39　下敷き用紙

びと デザイン　・5 年生

▶ 子どもの意欲を引き出す書く相手としての 5 年生

拡大図鑑を誰に向けて書くのかを考え、今回は 5 年生にすることにした。読んでもらう相手を 5 年生にしたのには 3 つの理由がある。

1 つ目は学校のことをよく知っている高学年を相手にすることで、子どもの意欲が出てくると考えたからである。高学年の子どもは 3 年生の子どもにとって学校のことを自分たちよりもよく知っている存在である。そんな高学年でさえ気付かない、学校の秘密を見つけようと、子どもに投げかけたところ子どもたちは意欲がとても出てきたようである。上級生を驚かし、ほめてもらうことで、子どもたちに達成感をもたせ、書くことが楽しい、という意欲を伸ばすことができると考えた。

2 つ目は 3 年生と 5 年生が兄弟学年として顔なじみであるということである。この実践をした杉並区立高井戸小学校では、3 年生と 5 年生が兄弟学年として交流をしているそうである。同じ学校に通っているとはいえ、やはり顔なじみの学年のほうが子どもの意欲が高まると考えた。

3 つ目は上級生相手の場合、3 年生の子どもは精一杯表現をしてもそれを理解してくれるということが挙げられる。読む相手が下級生の場合、難しい言葉を使った場合には簡単な言葉に置き換えなくてはならないし、学習した漢字も使えずふりがなを振る必要も出てくる。今回の学習では図と文章を関連させて書くことが目的なので、それに子どもの思考を集中させたいと考え、今回は読んでくれる対象を 5 年生にした。

※この実践は杉並区立高井戸小学校の協力を得て、行った。

子どもの読みを引き出す読書環境

単元：「金子みすゞ」おすすめ詩集を作ろう（5年生）

▶育てたい力、意欲

○ 詩を複数読むことの楽しさを実感すること。

○ 複数の詩を結び合わせて自分の読みをもつこと。C（カ）

○ 詩に対して根拠をもって自分のおすすめポイントを見つけること。C（オ）

▶学習環境デザインのコンセプト

　今回の学習環境デザインでは、子どもたちに1つの詩を読むだけではなく、詩を複数読み、それらをつなげて読むことで解釈を深めることをねらった。子どもに複数の詩をつなげて読みたい、と自然に思わせるように、子どもに1人1冊詩集を渡し、その中からクラスでおすすめしたい詩を複数選び、その中の自分の担当を決めるようにした。その詩をクラスで一つ一つ取り上げることにより、自然と詩を重ねて読むようになると考えた。最終的にはクラスのおすすめ詩集を作り、それを印刷して製本することにした。

▶単元計画

			時間
0次	学校司書から金子みすゞの紹介を受けたり、担任から仙崎の話を聞いたりしている。		
1次	『みすゞさがしの旅』を読み、「あした」を読み、クラスで推薦したい作品を選び、自分が調べる作品を決める。		3時間
2次	グループごとに選んだ詩のよさについて話し合い、「ぼくの（私の）おすすめポイント」を書く。		6時間
3次	「5年3組編　金子みすゞおすすめ詩集」をつくる。		1時間

▶単元のゴールイメージ

　私の「海とかもめ」のおすすめするところは「みんな見てます、知ってます、けれどもそれもうそかしら」という文です。この文の「見てます」「知ってます」は自分たちの常識であると思います。なので「けれどもそれもうそかしら」は常識は本当とは限らない、だから自分の目で見て確かめなくてはいけないということをみすゞさんは伝えたかったのだと思いました。また「うそかしら」と言っているところもよいと思います。「うそでした」と書いていたら常識が全部嘘ということになってしまいます。だから、あえて「かしら」にしたのだと思いました。みなさんも読むときは、そういう深い意味も読んでくださいね。

子どものおすすめの文章

```
┌─ 学習環境デザインの3つの視点 ──────────────────┐
│ 「こと」デザイン　主体性と深い読みを両立させる言語活動          │
│ 　　　　　　　　　　「クラスのおすすめ詩集を作る」               │
│ 「もの」デザイン　子どもの読みを引き出す詩集                  │
│ 　　　　　　　　　　読みの根拠を明確にする磁石                  │
│ 　　　　　　　　　　子どもの思考を引き出す電子黒板              │
│ 「ひと」デザイン　読みのヒントを話し合う少人数グループ          │
└──────────────────────────────────┘
```

もの デザイン
・詩集
・磁石
・電子黒板

▶ 子どもの読みを引き出す詩集

　今回は子どもの読みを引き出す読書環境としてに1人1冊詩集を持たせた。それには大きく分けて3つの理由がある。

　1つ目の理由は、子どもの読みの根拠にしたかったからである。詩集の中にはたくさんの詩が掲載されている。詩集を渡しているので、子どもたちは授業中以外にも詩を読んでおり、どんな詩が書かれているのか大体理解している。そのため子どもがこの作品を理解する際に、ほかの詩と結び付けて読むことができると考えた。常に子どもは詩集を携帯しているので、子どもが他の詩と比べたくなった時にいつでも読むことができる。複数の文章を結び付けたり、比較したりして読むことは今後必要な能力である。実際「海とかもめ」を推薦する際に、ほかにも海をテーマにした作品があり、海をよく見ているので海の色が変わっていることを知っているのではないか、という意見が出たり、「わたしと小鳥とすずと」や「大漁」のように見方を変える詩が多いので、そのようになっているのではないか、という意見が出るなどした。

　2つ目の理由は、子どもに詩集の中から自分のお気に入りの詩を選ばせたかったからである。教師が詩を選んで読むのでは子どもの主体的な学習ではなくなってしまうと考える。今回は詩集の中から1つ選ぶことによって子どもの読みたい詩を読むことになり、子ども主体の学習になると考えた。

　3つ目の理由は、詩を読むことを好きになってほしかったからである。詩集を常に持つことで、いつでも詩を読むことができる。そしていつでもその詩について友達と語り合える環境になっている。ちょうどテレビコマーシャルで金子みすゞの詩が多く流されていたこともあり、子どもたちは詩を読むことに夢中になっていた。いつでも詩にふれられる環境にあるということは子どもたちを読書好きにするのに有効であると考えた。

　これらの理由から詩集を1人1冊子どもに携帯させ、いつでも読めるようにするということは有効であると考える。

▶ 読みの根拠を明確にする磁石

図2-40　磁石を黒板に貼る　　　図2-41　根拠と色を結びつける

　詩は短いので、解釈の根拠をどこからもってきたのかはっきり示して議論することが大切である。ただ子どもにはなかなかできないので、本文を赤の磁石、資料を青の磁石、他の作品を黄色の磁石、経験を緑の磁石としてそれぞれ意見の前に貼ることにした。そのことで自分が何を根拠にして話すのか、子どもが自然と意識することができた。

▶ 子どもの思考を引き出す電子黒板

　電子黒板を2つの用途で今回は利用した。1つ目はおすすめ文を提示するためである。授業の最後におすすめ文を子どもは書くのであるが、授業の最初と最後に前の時間に書いた子どものおすすめ文を電子黒板で掲示した。授業の最初には根拠がしっかりしているおすすめ文を子どもに見せてどのようなところがよいか、子どもに話し合わせる。そのことによって根拠に気を付けながら読んだり、

図2-42　電子黒板でおすすめ文を表示

話し合ったりすることができると考えた。また授業の最後におすすめ文を提示することで子どもがおすすめ文を書くときに参考にできると考えた。

　2つ目は詩が常に子どもの目線に入っているようにするためである。授業中には話し合っている詩を常に提示した。そのことによって顔を上げて話し合っている最中にも、詩の本文を見ることができる。確かに詩集を開いてページを開けば詩を見ることができるが、常に本文を見ることができるというのは子どもにとって考えやすい環境であると考える。

　これらは紙の掲示でもできるが、電子黒板はこれを映したいタイミングに映すことができるし、消したいときは消すことができる。常に掲示したいものは紙、見せたり消したりしたいものは電子黒板とを使い分けるとよいだろう。これが電子黒板の利点であると考える。

ごとデザイン　　・主体性と解釈を両立する言語活動

▷ 主体性と深い読みを両立させる言語活動「クラスのおすすめ詩集を作る」

　クラスのおすすめ詩集として「5年3組編金子みすゞおすすめ詩集」を作った。クラスで選んだ詩と、その詩のおすすめコメント全員分を載せた詩集である。子どもが選んだ詩は①こだまでしょうか　②おさかな　③わたしと小鳥とすずと　④海とかもめ　⑤次からつぎへ　の5つである。クラスのおすすめ詩集を作ったのには2つの大きな理由がある。1つは

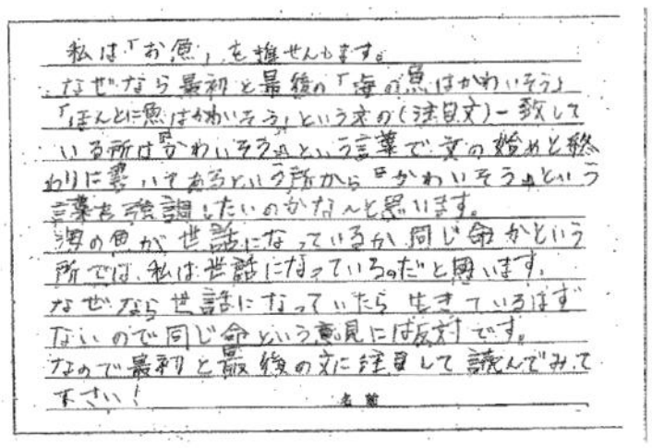

図2-43　子どものおすすめ文を集めた詩集

子どもの主体性を引き出すためである。おすすめしようという気持ちで本を読み、おすすめポイントを探すというのは子どもの主体的な読みを引き出す言語活動であるといえよう。2つ目はクラスでおすすめするので、読みを交流することができ、読みを深めることができるということである。クラス全体で作品の魅力を見付けることになるので、自分では気づかなかったおすすめポイントを友達から教えてもらうこともできる。

　このような2つの理由からクラスのおすすめ詩集を作ることにした。毎回の授業の最後におすすめ詩集のコメント欄を書き、それを単元の最後にまとめて詩集にした。最後に詩集にすることで、子どもたちに達成感をもたせることができると考えた。

びとデザイン　　・少人数グループ

▷ 読みのヒントを引き出す少人数グループ

　今回はクラスでいきなり話し合うのではなく、先に少人数グループで話し合って読むときに気を付けてほしいことについてヒントとしてまとめさせた。いきなり全体で子どもに考えさせるのではなく、最初からヒントを見せる中で、多様な可能性を考えながら自分の読みをもつことができると考えた。少人数グループはそれを8人組とした。それは金子みすゞの詩の読みのポイントを見つけるのは

図2-44　子どもの作ったヒントを貼る

3、4人では厳しいと考えたからである。クラスで扱う詩の本数とのバランスも考え、5本×8人ということにした。いきなり40人で話し合うよりも8人で話し合ってヒントを考える方が有意義な話し合いになると考えた。

実践編3「ひと」

1 意欲を引き出す異年齢との交流

単元：年長さんにお気に入りの絵本を読み聞かせしよう

（1年生）

▶育てたい力、意欲

○ 読書が好きになること。
○ 言葉のまとまりに気をつけて音読すること。C（ア）
○ セリフをどのように言っているのか想像しながら読むこと。C（ウ）

▶学習環境デザインのコンセプト

　今回の学習環境デザインでは1年生がどのようにしたら絵本を音読したくなるかを考えた。そこで、3月に年長さんのところに行って、絵本を読み聞かせることをした。年長組は4月から小学生になる。小学生になる前に読んでほしい本、自分が大好きだった本を読み聞かせをすることで、子どもたちが一生懸命音読の工夫をすると考えた。具体的には言葉のまとまりに気を付けて正しく読むだけではなく、登場人物のセリフのところを登場人物になったつもりで工夫して読むことをねらった。1年生なので登場人物の心情を想像して読むのは困難なので、楽しそう、悲しそう、怒っているように、などどのように言っているのか想像して音読するようにした。

▶単元計画

0次	1次	2次		3次
物語の音読劇を行っている。	『けんかした山』のセリフの部分を読む練習をする。	おすすめしたい本を2、3冊家で探してくる。	学校で読み聞かせの練習をして1冊選ぶ。読み聞かせの練習をする。	幼稚園に行って読み聞かせをする。
1時間	1時間		1時間	1時間

▶単元のゴールイメージ

図3-1　年長児に読み聞かせ

学習環境デザインの 3 つの視点

「こと」デザイン　主体的な音読を引き出す言語活動「読み聞かせ」

「もの」デザイン　音読の工夫をイメージできる共通教材『けんかした山』

　　　　　　　　主体的に本を選ぶワークシート

　　　　　　　　読みの工夫を自分で見つける音読ポイントカード

「ひと」デザイン　意欲を引き出す年長組との異年齢グループ

　　　　　　　　自然な学び合いを生む同じクラスの友達との練習

 **ひと** デザイン　・異年齢グループ

　　　　　　　　　　　・クラス

▶ **意欲を引き出す年長組との異年齢グループ**

　今回は絵本の読み聞かせを 1 年生が年長児に読み聞かせを行うことにした。相手を年長児にしたのには 3 つ理由がある。

　1 つ目は 1 年生の子どもにとって、年長児は意欲が湧く相手であるということである。普段身の回りにいる友達ではなく、クラスをとびこえて他クラスの子どもに伝えたり、学年をとびこえて他学年に伝えたりすると子どもの意欲が高まる。学校をとびこえて幼稚園児に伝えるといった場合はそれ以上の意欲が高まると考えた。実際この授業でも、幼稚園の年長児に読み聞かせをすることを伝えた際に、子どもたちは大喜びであった。

　2 つ目は年長児が一番近い年下であるということである。1 年生は小学校では一番下の学年のため、誰かの役に立つという活動が少ない。幼稚園の園児であれば自分より年下なので、読み聞かせをしたい、楽しんでほしい、という思いが働くと考えた。年長児であれば年齢は 1 つしか違わないので、飽きずにしっかり聞いてくれるということも考えた。

　3 つ目は難易度がちょうどいいということである。読み聞かせをする絵本は自分たちが音読は簡単にできるが、セリフを工夫して読むところまではまだ達していない本にしなくてはならない。音読するのが難しい絵本や本であればセリフを工夫する前に多くのエネルギーが使われてしまい、セリフに集中できなくなってしまうことが考えられる。年長児のときに読んでいた絵本は、当時は読めたとしてもセリフを工夫して読めたものではなく、読み聞かせで読んでもらったり、音読することがやっとであったりしたと思われる。しかし今であれば音読することは簡単にでき、そこからどう工夫して読むか、というところに集中することができると考えた。

　以上 3 つの理由から年長児を相手として読み聞かせをすることを考えた。

▶ **自然な学び合いを生む同じクラスの友達との練習**

　読み聞かせの練習をする際に同じクラスの友達に読み聞かせをすることにした。それには 2 つの理由がある。

　1つは読み聞かせを意識して読むことを大切にしたからである。音読ではなく、読み聞かせの練習であり、聞く相手がいることが大切である。絵本を相手に向かい合って読み聞かせすることは1年生には困難だと考えたので、自分の方向に絵本を向け、両隣に読み手を配置して読みやすくなるようにした。

　2つ目は練習中に互いに読み聞かせをし合うことで自然と学び合いが起こると考えからである。自然とアドバイスを送り合う場面や、友達から影響を受けて読み聞かせを改善している場面が見られた。

図3-2　読み聞かせの練習

ごとデザイン　・主体的な音読を引き出す言語活動

▶ 主体的な音読を引き出す読み聞かせ活動

　今回は自分の年長のときに読んでいた思い出の絵本、または年長児に聞いてほしい絵本読み聞かせ活動を考えた。この活動を取り入れたのには3つの理由がある。

　1つは子どもの主体的な学習にするためである。教師が音読するように指示したから音読する、というのでは主体的な学習にはならない。子どもの読み聞かせをしたい、という思いから授業を始めた。また子どもが読む絵本を決めることで、子どもの読み聞かせに対する思いが高まり、自ら音読の工夫をする子どもが多く見られた。

　2つ目は相手意識をしっかりともたせられるからである。自分のために音読するのではやはり意欲が湧かない。相手が喜んでくれるように、楽しんでくれるように、という思いがあれば音読の工夫をしっかりと考えるようになる。

　3つ目は工夫して音読する力が付くということである。絵本の読み聞かせを通して、言葉のまとまりに気を付けて読む力だけではなく、会話文を工夫して読む力もねらった。今回は自分で工夫する会話文を探し、どのように工夫するか自分で決める。ただ、なかには会話文のない絵本をもってくる児童も数人いたので、会話文があったほうが相手が喜ぶと伝え、違う絵本にしてもらった。これは活動だけして音読の力が付かなければ意味がないと考えたからである。

　4つ目は読書が好きになる活動であるということである。年長児相手に読み聞かせをして、喜んでくれたことで、子どもは次もまたやろう、読書は楽しい、と思ってくれるはずである。活動を通した達成感は、読書や国語の学習への意欲につながると考えられる。

図3-3　隣に座って読み聞かせ

実際子どもたちの最後の振り返りには次のようなコメントがあった。

「セリフの言い方が面白かった。うれしかったです。」

「あまりどくしょがすきじゃなかったけれど好きになりました。」

もの デザイン

・共通教材『けんかした山』
・ワークシート
・音読ポイントカード

▶ **音読の工夫をイメージできる共通教材『けんかした山』（教育出版 1 年上）**

　読み聞かせの学習に入る前に『けんかした山』の音読を取り上げた。『けんかした山』は、お日さまの「けんかをやめろ。」とお月さまの「おやめなさい。そうでないと、もりのどうぶつたちはあんしんして　ねていられないから」の 2 つの会話文の読み方を工夫できる作品である。『けんかした山』で会話文を読む工夫をすることで音読のイメージが湧き、後の読み聞かせの工夫につながると考えた。

▶ **主体的に本を選ぶワークシート**

　思い付きで絵本を選ぶのではなく、複数選んだ中から音読して、よいと思ったものを選ぶことにした。読み聞かせをするには、候補をいくつか探して読み、その中から自分で選ばなくてはならない。そのように選ぶ活動を通して、教師が指示した本を読むのではなく、自ら主体的に絵本を選んで読む力が育つのである。実際にはワークシートに 2 冊か 3 冊の絵本を書き、全て音読してから 1 つの絵

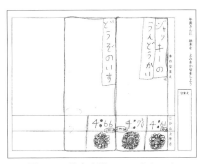

図 3-4　絵本を選ぶワークシート

本を選ぶようにした。選ぶ際に相手が園児ということもあり、ゆっくりと音読しても 10 分以内で読み終わる絵本を選ぶように指導した。そのため電子黒板でデジタル時計を表示し、読み終わった時間をすぐに記入するようにした。

▶ **読みの工夫を自分で見付ける音読ポイントカード**

　どのようにその絵本を工夫して音読するのかを自分で考えさせ、記録させた。そのことにより、自分がどのように音読するのか、自覚しながら練習することができる。今回は会話文をどのように登場人物が言ったのかを想像しながら音読するので、どのような感じで言うのかを意識させた。また教師の評価の材料としても活用できる。

図 3-5　工夫するポイントカード

※この実践は東京学芸大学附属幼稚園小金井園舎の協力を得て、行った。

実践編 3「ひと」 2　多様な意見を積極的に出し合える 3 人組
単元：座右の銘を探そう（6 年生）

▶育てたい力、意欲

○ 名言を知り、それを大事にして生きていこうとすること。

○ 座右の銘を書いた理由を引用やエピソードの記述を通してわかりやすく書くこと。
　B（エ）

○ 自分の伝えたいこととぴったりの言葉を選ぶこと。B（オ）

▶学習環境デザインのコンセプト

　今回の学習環境デザインでは、卒業前の 6 年生にどのような活動、力を付けていったらよいのかを考えた。6 年生の最後に授業に付けたい国語の力として推奨する力を考えた。誤字脱字を直すだけではなく、言葉の微妙な違いを考え、それをもとにアドバイスし合うという学習を行うことにした。ただそれを子ども主体で行うのは難しい。そこで座右の銘を選ぶ、という意欲を引き出すこと、国語辞書や類語辞典を用いて似ている言葉を探すこと、そして多様な意見を出す話し合いが積極的に行われるような 3 人組での共同推敲を取り入れた。

▶単元計画

次	内容	時間
0次	言葉追究レポートをしている。伝記を読む。	
1次	自分の座右の銘にしたい言葉を選ぶ。	1時間
2次	座右の銘を選んだ理由の下書きを書く。	2時間
2次	座右の銘を選んだ理由の下書きを推敲する。	2時間
3次	清書をし、保護者会で発表する。	2時間

▶単元のゴールイメージ

図 3-6　子どもの作品（表）

図 3-7　子どもの作品（裏）

```
┌─ 学習環境デザインの３つの視点 ──────────────────┐
│ 「こと」デザイン　子どもの意欲を引き出す言語活動「座右の銘を探す」  │
│                  引用や推敲を引き出す「座右の銘を選んだ理由」を書く │
│                  伝記と名言に慣れ親しむ０次                      │
│ 「もの」デザイン　子どもの吟味を引き出すワークシート              │
│                  子どもを思考に集中させるはがき新聞              │
│                  言葉の吟味を可能にする国語辞典・類語辞典          │
│ 「ひと」デザイン　多様性な意見を積極的に出し合える３人組          │
└──────────────────────────────────────┘
```

びとデザイン　・３人組

▶ **多様性な意見を積極的に出し合える３人組**

　この学習では３人組で協同推敲を行うことにした。この協同推敲を何人組で行うかについてはいろいろと考えた。１人では推敲で苦しい子どもが出てくることが予想される。２人組では一人一人の参加度が高まり、積極性は高まるが、意見として多様な意見がでるかというと不安が残る。

　４人組では多様性は担保されるが一人一人の参加度が下がり、積極性が下がることが考えられる。そこで多様な意見が出て積極性が下がらない３人組を取り入れることにした。３人組では１人の作文について書いた本人と２人が話し合う。そのため２人が意見を出し合うことになり、ある程度の多様性は保証される。また３人なので一人一人の参加度も高くなり、積極性が高まると考えた。当然そこでの３人組は話し合いが活発になるように組み合わせを考えた。

　また最終的には書いた本人が選ぶことにした。それは書いた本人でないとわからない微妙なニュアンスがあると考えからである。実際に以下のような会話が行われた。

> Ａ：思う、思いました。（Ａが書いた本人）
> Ｂ：感じました。
> Ａ：感じました。あーなんていいこと言うんだ（しかし頭を抱えていてまだ納得していない様子）
> Ｂ：あ、思索。あ意味分かんないか。
> 　　考える、頭を使う、思考する。
> Ａ：「ぼくは、なるほどと思いました」
> 　　の思いました。
> Ｂ：なるほどと思考しました。
> 　　なるほどと考慮しました。
> 　　なるほどと感じました。
> Ａ：なるほどと、心に突き刺さりまし

図3-8　３人組で共同推敲

　　　　　た。

B：実感しました。

A：あ、実感しました。いいや。

　　書いておこう。

B：なるほどと、実感しました？（何か違和感があると感じているイントネー
　　ション）ひとまず書いておけばいいじゃん。感じました、
　　実感しました、わかりました。思い
　　巡らしました。

C：初めて知った。

B：初めて知りました。

C：感心した。

AB：あー。

B：なるほどと感心しました。いいね。

A：感心にしていいかな。

B：いいね。

図3-9　吟味した言葉を書く

　デザイン　　・子どもの意欲を引き出す言語活動
　　　　　　　　　　　　　　・引用や推敲を引き出す書く活動
　　　　　　　　　　　　　　・伝記と名言に慣れ親しむ0次

▶ 子どもの意欲を引き出す言語活動「座右の銘を探す」

　子どもが本気で推敲を行うためには、子どもたちの思いを高める必要がある。また小学校で学んだことを大切に、生涯歩んでほしいという教師の願いもある。そのため一生大切にする座右の銘を選び、裏にその理由を自分の経験と結び付けて書くという言語活動を取り入れた。まず筆者の祖父が書いた色紙や筆者が小学校のときに書いた色紙を見せる。そして子どもたちに小学校最後の授業参観でそれを保護者の前で発表すること、それを自分の机の上に置いていつも見えるようにすることを伝えた。

▶ 引用や推敲を引き出す「座右の銘を選んだ理由」を書く

　座右の銘を書いた色紙の裏にそれを選んだ理由を書くことにした。自分の経験と結び付けて書くので文のスタイルでいうと随筆に当たる。自分の経験と結び付けることで座右の銘に対する思い入れが深くなり、言葉だけでない具体的なメッセージとして記録することができると考えた。また理由を書くことは、書く力を伸ばすサプリメントとしての役割も果たしている。選んだ理由という随筆を書くことが推敲する力や引用、エピソードを用いて書く力を育てることができると考えた。

▶ 伝記と名言に慣れ親しむ0次

　いきなり名言や伝記から座右の銘を探すように子どもに言ってもすぐに見つかるものではない。このクラスでは伝記を読む時間をとったり、名言を日めくりカレンダー

にして卒業までのカウントダウンをしたりしていた。いきなり単元を始めるのではなく、単元にスムーズに入れるよう、０次を設定することが重要である。

もの デザイン　・ワークシート
　　　　　　　・はがき新聞
　　　　　　　・国語辞典・類語辞典

図 3-10　名言日めくり

▶ **子どもを思考に集中させるはがき新聞**
　今回色紙の裏にはがき新聞（理想教育財団開発）を用いた。はがき新聞の特色はマス目が少なく、書く字数が限定されるということである。限定されることによって、書く内容を選ぶ必要性が生まれると考えられる。また字数が限定されることにより、書く負担が減り、思考に集中することができる。例えば今回の学習であればエピソードや引用をどう使うか考えたり、推敲する言葉を選んだりすることに集中することができる。字数が多いと、吟味する言葉を探すために読み返すだけで子どもが疲れてしまうことが考えられる。長い文章を書くことが重要である場合もあるが、今回のように思考に注目させた場合、はがき新聞のようなコンパクトな文章を書くことは有効であると考えられる。

▶ **言葉の吟味を可能にする国語辞典・類語辞典**
　今回の学習で子どもたちが吟味したい言葉を選んだり、どの言葉がいいのか３人組で話し合えたりしたのは国語辞典・類語辞典の活用が大きい。子どもたちが自分のもっている語彙のみで言葉を検討するのは困難だからである。この授業では１人１冊国語辞典か、類語辞典を持たせるようにした。具体的には以下の２点に留意して国語辞典・類語辞典を用いることにした。
　１つ目は吟味したい言葉を選ぶときである。類語辞典の索引や、国語辞典の類語特集の一覧表を子どもに渡し、そのような言葉は吟味できる言葉であると伝えた。子どもたちはその言葉を参考にして、吟味する言葉を選ぶことができた。
　２つ目は言葉を吟味するときの言葉を選ぶときである。友達が挙げた吟味したい言葉を一緒に考えるときに、類語辞典や国語辞典を用いて候補を挙げることができた。その候補を探している際に、新しい言葉を知り、語彙を広げることもできる。最近の類語辞典は小学生用のものが販売されており、子どもが使いやすいようになっている。また国語辞典も類語コーナーがつくられているなどいろいろな学習に使えるよう工夫されている。学校図書館に国語辞典や類語辞典を購入し、実際にそれを活用することで子どもたちが辞書を使う習慣を身につけ、表現力を磨くことにつながると考えている。

※この実践は 2014 年度多摩小国研の研究授業であり、部員や国分寺市立第 7 小学校、理想教育財団の協力を得て行った。

実践編3「ひと」
3 集団的思考を育てる5人組

単元：スーパー探検新聞を作ろう（3年生）

▶ 育てたい力、意欲

○ グループで編集することの楽しさを実感すること。
○ わかったことと考えたことを区別しながら取材をすること。B（ア）
○ トップ記事や題名をグループで話し合って考えること。B（イ）

▶ 学習環境デザインのコンセプト

　今回の学習環境デザインでは、子どもたちがグループの中で話し合って、題名やトップ記事を決めるという集団での思考力を伸ばすことを目指した。子どもたちが大人になったとき1人で何かを行うよりは、集団や組織で何かを行うことのほうが断然多いはずである。ここでは集団での活動を3年生が行うには、どのようにこと・もの・ひとといった学習環境デザインを行えばよいのかを考えた。

▶ 単元計画　　　▶ 単元のゴールイメージ

次	内容	時間
1次	社会科見学の準備をし、スーパーに見学に行く。	5時間（社会）
2次	スーパーに行ったことをもとに新聞を作る。	5時間
3次	新聞交流会をする。	1時間

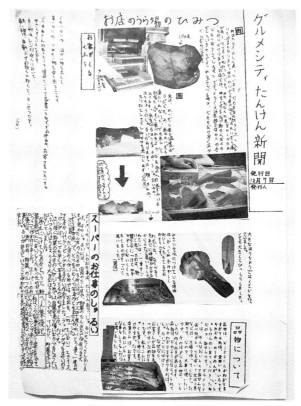

図3-11　スーパー探検新聞

```
┌─ 学習環境デザインの3つの視点 ──────────────────┐
│  「こと」デザイン　編集活動を引き出す言語活動「学級新聞作り」        │
│  「もの」デザイン　事実と意見を区別する取材カード              │
│　　　　　　　　　　編集を可能にする2種類の大きさの紙            │
│  「ひと」デザイン　集団的思考を生み出す5人組               │
└──────────────────────────────────┘
```

びとデザイン　・5人組

▶ 集団的思考を引き出す5人組

　今回は新聞づくりを5人で行うことにした。それには3つ理由がある。

　1つ目の理由は、多様な記事で新聞を構成したかったからである。新聞というメディアは様々な記者が書いた記事で構成されている。学級新聞も同様に多くの子どもが書いた記事を編集して構成する必要がある。できるだけ多様な記事を集めて新聞を作ることが重要であると考えた。

図3-12　5人組で新聞を作る

　2つ目は多くの記事から選択させたかったからである。新聞を編集するには一つ一つは完成された文章である記事を新聞全体のことを考慮しながら、割り付けを決めなくてはならない。その過程でトップ記事を決める必要がある。子どもたちは新聞全体のことを考え、どの記事がトップ記事にふさわしいかを決めることが求められる。通常どの子どもも自分の書く記事をトップ記事にしたいと思うことが予想される。しかし、書きたい内容を並べたときに、自然とトップ記事にふさわしい記事が見えてくるはずだと考えた。その際にできるだけ多くの記事の中から選ぶことで新聞全体を考えるという文章同士の関係を考えて、編集する能力を育てることができると考えた。

　3つ目の理由は、グループでの話し合いを適当な人数にしたかったからである。新聞というメディアの特性上、できるだけ多くの記事があったほうがよいことは先に述べた。しかし3年生であまり多くの人数で話し合わせても話し合いに参加しない子どもが出てきたり、意見が多すぎてまとめられなくなったりすることが予想される。そこで3年生であるということを考えて5人が限界ではないかと判断した。5人であれば生活班で普段から生活している人数であるし、話し合いができないことはないと考えた。また新聞の記事の多様性からしても5人が少なすぎるということはない。

　以上の3つの理由からこの新聞づくりは5人で行うことにした。実際子どもたちはトップ記事をどれにするか、新聞の題名をどうするかなど、しっかりと話し合って意思決定をすることができていた。3年生では5人という人数が新聞を作るのには最適ではないかと考える。

ごとデザイン　　・編集活動を引き起こす言語活動

▶ スーパー探検新聞を作る

　スーパー探検新聞を作るには以下のような活動が必要である。まず記事を書くには取材をし、見出しを考え、文章を書く。この後に編集という活動が必要になってくる。

　編集とは、文章を集めて1つの表現メディアにまとめることであると考えている。子どもたちは新聞を作るという活動の中で、記事の中からトップ記事を選んだり、新聞の題名を決めたりして1つの新聞にまとめることになる。例えば右図のように5つの記事をもとに1つの新聞を作るということである。

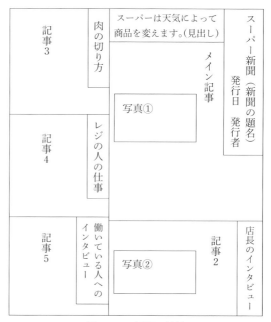

図3-13　新聞の割付

　子どもたちは言葉を集めて文にする、文を集めて文章にするという学習を積み重ねてきた。そして今回は、文章をどう新聞にまとめていくのか、という新しい段階の学習になる。この文章をまとめるという編集に取り組ませるのにこの新聞づくりは最適の活動であると考えた。

　この新聞は最終的に模造紙の壁新聞にし、クラス内で交流した。実際に書いたものを交流し、感想を交流した。そのことで、子どもたちに書いてよかったという喜びをもたせることができたと考えた。

図3-14　新聞の発表

ものデザイン　　・取材カード　・2種類の大きさの紙

▶ 事実と意見を区別する取材カード

　新聞に記事を書く際には、事実と考えを区別して書くことが重要である。そこで子

調べたいこと	わかったこと	考えたこと
スーパーのレジの人はどんな気持ちなのかな。	打ち間違えないように、でも速くやろうと思っている。（インタビュー）	レジの人は速く、ミスなくという難しい仕事をしているんだなあ。

図3-15　取材カード（例）

どもたちには調べたいこと、わかったこと、考えたことを3つ区別して書けるように取材カードを作成した。調べたいことは取材に行く前に知りたいことをメモしておく欄である。そのことによってそれを忘れずに調べられるようにしておけると考えた。

　わかったことは見学に行ってわかった事実、考えたことはそのわかったことから考えた意見である。この取材カードを持つことで、子どもたちが事実と意見を区別することを意識して取材ができると考えた。そしてそれをもとに書くので、事実と意見を分けて書くことにつながる。

▶ 編集を可能にする2種類の大きさの紙

　今回の新聞は模造紙にて作成した。模造紙にしたのはグループで新聞を作成するにはある程度の大きさが必要だと考えたからである。小さい紙では字が小さくなるか、または少しの字数しか書けなくなってしまう。模造紙であれば大きな字でたくさん書くことができる。

　また直接模造紙に書くのではなくて、A4の紙に記事を書いて模造紙に貼り付けることにした。そうしたのには2つの理由がある。

　1つ目の理由は失敗しても修正が簡単だからである。模造紙に直接ペンで書いて失敗した場合には模造紙ごと書き直さなければならない。しかしA4に書いたものならばまたすぐに書き直すことができる。A4の紙に書いてから貼ることを子どもに伝えることで、子どもたちは気楽に記事を書くことができると考えた。

　2つ目の理由は一斉に活動ができるということである。模造紙に直接書く場合では模造紙に書くことができるのは1人の子どもである。その際にほかの4人はすることがなくなってしまう。しかしA4に書いて貼り付けるのであれば5人一斉に記事を書くことができる。時間の効率から考えても、A4用紙に書いて貼り付けたほうがよいと考えた。

　どうしても編集というのは複数の文章を組み合わせるので、複数の文章を一斉に書くことになる。そのため後から修正すべき点が見つかったり、複数の子どもが一斉に文章を書いたりすることが多くなる。そのため編集の学習をする際は、いつでも文章を直せたり、複数の子どもが一斉に活動できたりするような工夫をしていくことが必要である。

実践編3「ひと」

4 解釈を深めるテーマごとの グループ

単元：名言をさがそう（6年生）

▶ 育てたい力、意欲

○ 自分たちのこれからの生き方について考えること。

○ 多様な資料をもとに、読みを深めること。C（カ）

○ 言葉が表すことに対して、具体的なエピソードを結びつけながら理解すること。C（オ）

▶ 学習環境デザインのコンセプト

　今回の学習環境デザインでは、司馬遼太郎の「二十一世紀に生きる君たちへ」の文章に対して、自分なりの考えを深くもつこと、そのため複数の資料を重ねて読むことをねらった。「二十一世紀に生きる君たちへ」は一見子ども向けの簡潔な文章であるが、その言葉一つ一つは様々な司馬遼太郎の作品を読まないとわからないこともある。そのため自分が気になったテーマごとにミニグループをつくり、そこで関係がありそうなことはないか、ほかの文章を調べる。そこでつくったミニグループごとに作った資料をもとに、話し合いを始め、読みを深めることをねらった。

▶ 単元計画

3次	2次	1次	
それぞれのテーマについてクラスで話し合い、色紙に書く。	自分たちの調べたいテーマについて、ほかの文章などを通して読む。	「二十一世紀に生きる君たちへ」を読み、テーマを決める。	
4時間	2時間	1時間	

▶ 単元のゴールイメージ

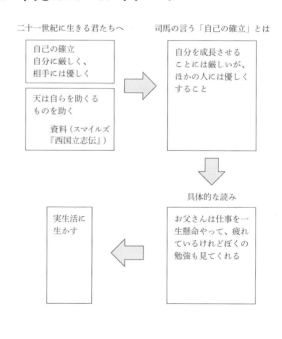

```
┌─ 学習環境デザインの 3 つの視点 ──────────────┐
│  「こと」デザイン　生き方を見つめる目を育てる大単元「生きる」  │
│  「もの」デザイン　読みを深める資料                      │
│  　　　　　　　　　意見を共有する板書                    │
│  「ひと」デザイン　読みを深めるテーマごとのグループ        │
│  　　　　　　　　　考えを広げるための全体での話し合い      │
└────────────────────────────────────┘
```

びとデザイン

- ・テーマごとのグループ
- ・クラス全体

▶ 読みを深めるテーマごとのグループ

　まず、子どもたちが興味をもった言葉をもとに、グループをつくることから始まった。子どもたちが選んだテーマは「社会とは、支え合う仕組みということである」「自然物としての人間は、決して孤立して生きられるようにはつくられていない」「助け合う、ということが、人間にとって、大きな道徳になっている」「自己を確立」「君達の未来が、真夏の太陽のように輝いているように感じた」の5つである。自分が調べたいテーマを子どもたちは選び、グループを作成した。このようなグループにしたのには以下の3つの理由がある。

　1つ目は自分の調べたいテーマについて調べるということである。この学習は6年生の最後ということもあり、人数に差が出ても自分の追究したいテーマを選ばせた。難しい学習なので、自分が本当に調べたいテーマでないと意欲が続かないのではないかと考えた。

　2つ目は40人で話し合う前にグループで資料を調べたほうが読みが深まると考えたからである。40人でいきなり「二十一世紀に生きる君たちへ」を読むのではなく、それぞれのグループでほかの司馬遼太郎の作品や関係がありそうな歴史について調べてから全体で話し合ったほうが話し合いの質が深まると考えた。実際、司馬遼太郎が「自己を確立」するという言葉を明治時代の思想家、中村正直が訳したスマイルズの『西国立志伝』からもってきたことに気付いた子どももいた。そのグループは、『西国立志伝』を資料として引用して紹介することができた。

　3つ目はできるだけ多い人数にしたいからである。資料は膨大にあり、その中から関係のある資料を探すのは大変な作業である。そのためグループごとの人数を少なくすることなく8人程度とした。1グループの人数が多くなると参加度が下がってしまい、意欲が下がってしまう子どもが出てくる可能性もある。しかし、6年生の最後ということもあって皆意欲的であったので、子どもたちを信頼し8人程度のグループで作業をすることにした。実際、人数が多くても協力して本を読み、関係がありそうなものがあればグループの友達に報告するという活動なので、人数が多くなってもすることがなくなったり、重なったりすることは少ない。そのため人数が多くなっても大丈夫であった。

▶ 考えを広げるための全体での話し合い

　グループでの話し合いの後、全体での話し合いを行った。まず発表班の中から司会者と報告者を出し、調べてきたことを報告する。その後資料と「二十一世紀を生きる君たちへ」からその文章の読みを考えるという流れになる。

　この全体での話し合いでは2つのことを行う。1つ目は多様な意見を出し合い、司馬遼太郎がどういうことを言ったのかについて話し合うことである。自分たちでは見つけられなかった資料からや他のテーマと結び付けた意見からなど、同じテーマでも全く異なる読みが出ることが多くある。自分とは違う考えを知ることは多面的なものの見方を育てることにつながる。

　2つ目は資料だけではなく、経験と結び付けて自分の意見を深めるということである。資料などから分析して作品を読んでいても、抽象的な概念をそのままにしていては、自分の生き方を見つめ直すところまではいかない。抽象的な言葉を自分の経験に引きつけ、この言葉はこういうことではないか、と自分の言葉で言い換えることにより、真に理解したことになるのではないかと考える。抽象的な概念を自分の生活経験と結び付け、それを交流することで、読みを深めることができるのである。またその際に、自分がこう思うという自分の読みをもつことも大切だが、友達の読みを受け入れることも重視したい。ノートに自分とは異なるがよいと思った読みや、自分はそうはあまり思わない読みを書かせ、読みを多様な視点から分析できるようにしていく。そのことで生活経験が異なる友達の読みも受け入れることができるのではないかと考えている。

 ごとデザイン　・生き方を見つめる目を育てる大単元

▶ 生き方を見つめる目を育てる大単元「生きる」

　6年生ということで、子どもたちと生き方についてずっと共に考えてきた。小学校を卒業してこれから先どのように生きていくのか、進路指導を含め、数多く子どもたちに投げかけてきた。1学期から大単元「生きる」に取り組み、文学作品を読んだり、随筆を書いたりしてきた。

　まず1学期には「美月の夢」を読み、いろいろな夢について考えさせた後、自分の進路を考えさせた。将来どのような夢をもつのか、そのためにどういう計画を立て、どのような進路をとるのかをまとめ、自分の進路を決める際の資料とさせた。2学期には、宮沢賢治の作品、生き方について考えさせた。それから卒業文集に向けて、自分の生き方を見つめて、随筆を書く学習を行った。自分が何を今大切にしていて、今後どのように生きていきたいのか、書くこと、交流することを通して考えを深めてきた。この学習では、司馬遼太郎の文章を通して、今度は歴史的・哲学的な視点で、生き方を考える機会を与え、考えを深めていきたいと考えた。最終的にはここで学んだことを中学生以降どう生かして生きていくのか、という生き方につなげていく。

もの デザイン
・資料
・板書

▶ 読みを深める資料

　先にも述べたとおり、「二十一世紀に生きる君たちへ」は一見、表現としてはわかりやすいが，司馬遼太郎の歴史観が深く刻み込まれており、内容をしっかりと理解して読むには、歴史の資料を当たったり、他の司馬遼太郎の作品を読んだりする必要がある。例えば鎌倉時代の「たのもしさ」といわれてもすぐにイメージが湧く子どもは少ないであろう。司馬遼太郎は畠山重忠、梶原景時などの鎌倉武将の美意識を賞賛している。また源頼朝の血筋が鎌倉武士からは「たのもしく」映り、頼朝もそのイメージをこわさないように行動していたことも書いている。そのような事実を見ていくことで、「たのもしさ」という言葉に豊かなイメージが生まれてくる。

　しかし先にも述べたように、歴史に対する深い知識を小学生に与えるのは困難であるが、ある程度の基礎知識を得ることは可能であろう。小学生レベルでかまわないので、自分なりに基礎知識をもって読んでいくことをこの単元で行っていきたい。

　そのため「二十一世紀に生きる君たちへ」だけではなく、他の司馬遼太郎の作品や歴史資料集、または『西国立志伝』といった司馬遼太郎が引用した本などを用意し、教室の後ろに置いて自由に読めるようにした。そのことにより、子どもたちは司馬遼太郎の作品を朝読書の時間や休み時間に自由に読むことができるのである。このように筆者が使っている言葉を自分本位で読むのではなく、司馬遼太郎がその言葉にどのような意味合いをもたせているのかを知ることが、「二十一世紀に生きる君たちへ」のような哲学的な文章の読解には必要不可欠であると考える。

▶ 子どもの意見をまとめる板書

　この授業で教師が行うことは板書による議論の整理である。子どもたちが発言したことを教師が記録として残していくことで、子どもはほかの友達の意見をもとに自分の意見を深めることができる。6年生の最後ということもあり、子どもたちで議論を進めることができる段階になっている。そこで教師は板書で意見を整理することに徹することで、子どもが教師から答えを引き出そうとするのではなく、自分たちで考えて読みを深めようとする意欲を引き出した。

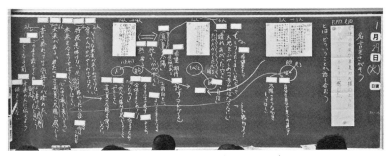

図 3-16　板書で子どもの意見をつなげる

実践編3「ひと」 5　主体的な学習を生み出す学級全体

単元：「世界一読みたいハローワーク」を作ろう（6年生）

▶育てたい力、意欲

○ 自分たちのこれからの生き方について考えること。
○ 読み手に伝わりやすくなるように、表現を推敲すること。B（オ）
○ 本を作ることを意識して、前書き、後書きなど編集を工夫すること。B（イ）

▶学習環境デザインのコンセプト

　この学習では、クラス全員で計画を立て、分担し、将来役に立つ仕事事典を作成する。そのため、今回の学習環境デザインでは、クラスで文章をどのようにまとめて1つの統一された本にするのかを考えることをねらい、クラスで編集会議を行ったり、修正しやすくなるようにコンピュータを用いたりした。また最後に製本して1人1冊渡すことを伝え、子どもたちの卒業の記念になるようにもした。文章をまとめて本にするということはとても困難なプロジェクトであるが、このプロジェクトをクラス全体でどうやって達成するか、分担し、解決していくことで問題解決能力も育てることができると考えた。

▶単元計画

0次	1次	2次	3次	4次	5次
中学校以降、どのように生きていこうか考えている。	仕事紹介のページをどのように書けばよいかを考え、分担を決める。（第1、2回編集会議）冬休み中に取材をする。	仕事紹介のページを書き、推敲する。	本を分析し、仕事紹介以外に何を書くか決め、分担する。（第3、4回編集会議）	分担してほかのページ（目次、索引、前書き、後書き、後付、表紙、本の帯、特集など）を書く。	製本し、卒業記念品とする。
	2時間　冬休み	4時間	2時間	4時間	

▶単元のゴールイメージ

図3-17　仕事事典の完成。図書室に置く。

学習環境デザインの3つの視点

「こと」デザイン　生き方につながる言語活動「仕事事典を作る」

「もの」デザイン　推敲を活発にするコンピュータ

「ひと」デザイン　主体的な学習を生み出す学級全体での編集会議

　　　　　　　　　表現を吟味する5人での共同推敲

びとデザイン
・学級全体での編集会議
・5人での共同推敲

▷ **主体的な学習を生み出す学級全体での編集会議**

　この学習は6年生最後の単元ということもあり、子ども主体で行う。意思決定は教師ではなく、子ども自身、クラス全体での編集会議で決定する。編集会議は合計4回行われた。

　第1回編集会議はどの職業を書くかである。仕事事典なので同じ仕事

図3-18　子どもが出し合った仕事

が複数あっては意味がない。子どもたちはまずクラスでどんな仕事を載せたいかを出し合い、その中から実際にインタビューできるものを選び、自分の担当とした。

　第2回編集会議は、仕事紹介のページに何を書いたらよいかである。実際に『13歳のハローワーク（幻冬舎）』を調べ、子どもたちが知りたいものと、実際に調べられるものを話し合い、仕事に就くための条件、仕事の内容、一日の内容、インタビューということになった。

　第3回編集会議は個人の仕事紹介ページが書き終わった段階で行った。テーマは本の題名である。子どもたちにとって思い入れのある本であるのでいろいろな意見を出し合い、結局『世界一読みたいハローワーク』となった。

　第4回編集会議は仕事紹介のページ以外に何を書くのかについて話し合った。本にするには仕事紹介以外にも、表紙、前書きなど様々なページが必要になる。そこで子どもたちが実際にいろいろな本を調べ、以下のようなページを付け加えた。

・表紙、前書き、目次、中表紙、特集、索引、後書き、裏表紙、本の帯、POP

　これらの編集会議を学級全体で行ったのは学級全員で作ることで、子どもたち全員の意思決定であることを大切にし、主体的な学習につなげたかったからである。世界に41冊しかない本を学級全員の力を結集して作る、そこでの一体感が子どもの意欲や達成感を高めるのではないか、と考えた。少数の子どもが決めてそれを全体に伝えるのでは学級全体として考えたときに意欲が高まらない子どもが出てくる可能性がある。実際子どもたちは編集会議を通して多様な意見を出し合いながらも、共通のゴールをもっていたので、話し合いを通して納得する結論を出すことができていた。

▶ 表現を吟味する5人組での共同推敲

　子どもたちが第1稿を書き終わった後、5人組で共同推敲を行った。5人組にしたのは子どもに多様な質問をし合って、原稿を深めてほしいと考えたからである。6年生の最後ということもあり、5人でも集中力が落ちる子どもはいないと判断し、5人組にした。具体的には自分しか書けないことを友達にインタビューをして引き出すことから交流が始まった。具体的には以下のように交流が行われた。

　A　インタビューした人の人柄についてどう思いましたか？
　B　患者さんの病気が治らないときはすごい大変だと思う。
　A　そうじゃなくて人柄。
　B　うーん。治らないときにすごい強い意志をもつ？。うーんなんて言えばいいんだろう。意志が強い人だなあと思いました。
　C　インタビューしてみて、自分もこうなりたいなあとか。
　B　人のために…。うーん。何事も乗り越えようという気持ちをもとうと思いました。
　D　仕事については？
　B　仕事については。うーん。そうだなあ。医療チームとかで力を合わせて、協力することが医療の場では大変なんだなと思いました。

　友達からインタビューをされ、そこでうーんと考えながら言葉を発している様子がこのプロトコルから見てとれる。実際に冬休みにインタビューをし、仕事をしている人に直接ふれあったからこそ、しっかりと思い出し、言葉にしていることができたのであろう。この交流で話されたことはこの後実際に原稿を修正するときに編集後記として記されていくことになった。

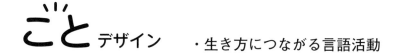
ごとデザイン　・生き方につながる言語活動

▶ 生き方につながる言語活動「仕事事典を作る」

　将来どのような方向に自分は行きたいのか、自分は今何をすべきなのか、進路指導も含め、学級全体で考えてきた。しかし、クラスの中には、どのような職業に就きたいのかをはっきりとした夢としてもっている子どもから、考えてはいるがまだ漠然としている子どもまでいる。ただ学級全体として、将来に対して真剣に考えていこうという風土はできていた。まず『新13歳のハローワーク』を教室で紹介し、学級文庫に置いておくと、子どもたちは夢中になって読んでいた。これも自分の生き方について考えていたからであろう。その中で、本を読んでいた子どもの中から「こんな本を作ってみたい」という声が出て、卒業までにきちんとした本をみんなで作ってみたい、という声が出て、実際に作ることになった。教師が、子どもにいきなり仕事事典

を作ろうというのではなく、子どもたちから作りたい、という声をから始めることが、主体的な学習のスタートになる。

　実際に本をきちんと製本して、1人1冊ずつ配ることを告げた。子どもが将来について悩んだとき、これを読んで、自分の進路について考えられるような本にしようという気持ちが子どもに生まれた。実際、文章を書いたり、編集会議をしたりしている最中にも、将来自分が読むから、一生取っておくから、下級生が図書室で読むから、という発言があった。

もの デザイン ・コンピュータ

▶ 推敲を活発にするコンピュータ

　一生残す本にするということで、子どもたちには第3稿まで書くことにした。第1稿、共同推敲の後の第2稿、そして最終チェックの第3稿である。3回も手書きで書くのは困難である。特に今回は1人2ページの中に原稿を収めなければならないので、詳しく書くところ、簡潔に書くところを考えながら書かなければならない。そのためテクストボックスを用いて書かせることにした。テクストボックスを用いることで、子どもたちはスペースを自由に変更しながら、詳しく書くところ、簡潔に書くところを工夫しながら書くことができていた。コンピュータを使って書くからこそ、子どもたちは直すことを嫌がらず、ダイナミックに文章を直すことができると考えた。実際子どもたちは以下のように文章を修正していた。

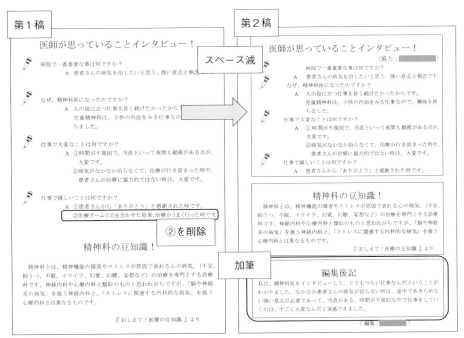

図3-19　第1稿から第2稿への変化

実践編3「ひと」

6 学び合う集団を生み出す 学級全体での話し合い

単元：クラスでスピーチゲームをしよう（6年生）

▶ 育てたい力、意欲

○ 話し合ったり、考えたりすることの楽しさを実感すること。
○ 多様な視点から物事を考えること。C（エ）
○ 相手意識をもち、自分の考えをもちながら話したり、聞いたりすること。C（オ）

▶ 学習環境デザインのコンセプト

　今回の学習環境デザインでは、クラスで話し合うことの楽しさを実感しながら、話す・聞く力を付けていくことをねらった。提案者が話したテーマについてアンケートをとり、話し合い後にもう一度アンケートをとって、人数が増えたかどうかを競うスピーチゲームを行う。このスピーチゲームは1日1人ずつ朝の会に行い、それを年間を通して行う。その際もただ繰り返すのではなく、少しずつ形を変え、多様な意見をもてるようにした。単純な二者択一から、資料を用いた5つの選択肢と難易度を上げたり、スピーチノートを付けたりするなどの学習環境デザインを行った。

▶ 単元計画

4次	3次	2次	1次
議論の後半で、議論の焦点化を行う。	五択と板書係の導入。スピーチノートの作成。	三択と資料の提示、司会の導入。	単純な二者択一。

▶ 単元のゴールイメージ

図3-20　話し合いの記録
複数図の提示や議論の焦点化が見られる

学習環境デザインの 3 つの視点

「こと」デザイン 多様な意見で話し合いを深める段階的なスピーチゲーム

「もの」デザイン 意見を生み出すスピーチノート

　　　　　　　 議論の焦点化を行う板書

「ひと」デザイン 学び合う集団を生み出す学級全体での話し合い

<ruby>ひと<rt>゛</rt></ruby>デザイン　・学級全体

▶ 多様な意見を生み出す学級全体

　この学習は学級全体で話し合う活動を毎朝続けていった。ここで学級全体にしたのには大きく分けて 3 つの理由がある。

　1 つ目は自分の意見を聞いてもらえる、という安心感を子どもにもたせ、話し合いに全員が参加できるようにする基盤をつくるためである。学年が始まった際にはなかなか学級のみんなの前で話せない子どももいる。そこで毎朝スピーチゲームを学級全体で行うことで、学級の前で話すことに抵抗をなくすことを考えた。抵抗をなくすことで学級全体の前で意見を言えるようになり、その発言を学級の友達に聞いてもらえることで、自分の意見を学級で受け止めてもらえたという安心感をもつことができる。そのことによって、学級の子ども全員が自分の意見を積極的に言うことができると考えた。

図 3-21　学級全体にスピーチ

図 3-22　学級全体で話し合う

　2 つ目の理由は多様な意見を生み出すことができるためである。スピーチする子どもは自分の意見に対して学級の友達から様々な意見をぶつけられる。その際にその場で考えて、学級の友達を説得するような話をしなくてはならない。またスピーチする子どもだけでなく、その場に参加しているすべての子どもが、自分とは異なる多様な意見に出会い、その場でその意見に対して自分の考えをもたなければならない。話し合いに参加する子どもの人数が多ければ多いほど意見の多様性は広がるので、学級全体で話し合うことにした。

　3 つ目は学級での話し合いの質を上げるためである。学級で毎朝話し合いをしていると、話し合いの質が深まってくる。どのような意見を言うと友達を説得できるのか、とかこのように反論を言えばよいのか、などと話し合いの仕方を理解していく。また友達の意見を聞いて、自分の考えをもつことを習慣化していくことになるので友

達の意見を聞いて、すぐに自分の意見をもつことができるようになる。

　またすべての子どもが司会や板書係をすることも大きい。司会や板書係をすることを通して、議論を客観的に見て、こちらのほうに深まりそうだ、議論の焦点がどこになっている、この議論の要点はここだ、というようなメタ的な思考を全員が経験することができる。そのことによって毎朝行っているスピーチゲームの話し合いを深めることができると考える。

　4つ目はクラスを学び合う集団にするためである。話し合う力を全員が付け、集団として話し合う関係ができている効果は朝のスピーチだけにとどまらない。学級でお互いの意見を聞き、そこから自分の意見をもち、それを深めることができる子どもたちはほかの授業でも同じように学び合うことができる。学級での学習の基礎として学び合う集団づくりは学習環境デザインのもっとも重要な1つの要素といえるだろう。

ごとデザイン　　・スピーチゲーム

▶ 多様な意見で話し合いを深める段階的なスピーチゲーム

　このスピーチゲームは1日1人ずつ朝の会に行い、それを年間を通して行う。このスピーチゲームの特徴は以下の2つである。

　1つ目はスピーチの最初と最後でアンケートをとることである。スピーチをした直後にアンケートを取り、自分の意見にどれくらいの人が賛成してくれるのかを知る。その後話し合いを行い、話し合い終了後にもう一度アンケートをとる。話し合い後のアンケートでは、最初のアンケートよりも増えているかどうかを確認する。

　そのことにより、スピーチをするほうも、話し合うほうもそれぞれ自分と同じ意見の人を増やすために説得しようと努力すると考えた。

　2つ目は段階的に話し合いのレベルを上げているということである。スピーチをただ繰り返すのではなく、少しずつ形を変え、多様な意見をもてるようにした。1次は単純な二者択一、2次は3択と資料を用いる、3次は5択と司会・板書係の導入、4次は後半で議論の焦点化を行った。議論の焦点化とは、例えば大きい犬と小さい犬、自分だったらどっちを飼うとよいか、という話し合いのときに、意見を抽象化し、頼りがいとかわいさのどちらを重視するか、と議論をまとめることである。このことによって議論を整理したり、議論を分析したりする能力を育てることができると考える。このように段階的に話し合いのレベルを上げることによって話し合う力をつけることができると考えた。

もの デザイン ・スピーチノート
・板書

▶ **自分の意見を書くスピーチノート**

　最初はスピーチに集中し、聞くことに集中させようと考えたため、途中からスピーチノートを書かせるようにした。スピーチノートとは、友達の意見を聞いてそこで考えた自分の意見を書くノートである。黒板を写したり、友達の言ったことをメモしたりするノートではない。このようなスピーチノートを書くようにしたのは2つの理由がある。1つ目は自分の意見をもつ習慣をつけたかったからである。友達の意見を聞いて、それを記録するだけでなく、そこからどう考えたかが大切だと考える。同じ意見には→、違う意見には↔と記入していき、その場で意見を書くことで、自分の意見をもつことを習慣化できると考えた。

図3-23　子どものスピーチノート

　2つ目は、自分の意見のもち方、話し合いの聞き方を友達と交流することで学ぶことができるということである。話し合いが終わった後に子どもたちは最終的な自分の意見を書く。そしてそれを同じ班の子どもと交流して、スピーチノートの書き方も交流する。スピーチノートには自分の聞き方が表れている。そのためそれを交流することは聞き方を交流するのと同じである。子どもたちは自分とは違うノートの書き方を知り、自分のノートを改善し、自分なりのノートの書き方を工夫することができると考えた。

　このようなスピーチノートは最初は困難であったが、次第に慣れてきて、学級の子ども全員が話し合いながらノートを書くことができるようになり、自分の意見をしっかりともてるようになってきた。

▶ **話し合いの焦点化を行う板書**

　子どもに板書をさせて、話し合いの整理をさせるようにした。板書係は発言をただ記録するだけでなく、話し合いがどのようになっているのか可視化することで、話し合いの整理をする役割があると考える。司会が話し合いを進めやすくするためにも、また話し合い中に友だちの意見と結び付けて自分の意見をもつためにも、話し合いの可視化ツールとしての板書は効果的であると考える。

図3-24　板書で議論を整理

第 III 章

解説編

　第III章は学習環境デザインについてもっと詳しく知りたい方のために、理論的にまとめた章である。今後学習環境デザインや子ども主体の学習について考えを深めたい方にお読み頂き、ご批評いただけたら幸いである。

① なぜ、学習環境デザインが必要なのか

国語科教育では、学習者の主体性を謳いながらも、本当の意味での学習者が主体となって課題を見つけたり、目的をもって言語活動を行ったりするような実践は行われてこなかったのではないだろうか。教師が読む教材を決めて場面ごとに読むような学習では、学習者の目的意識がもてず、真の意味での学習者の主体性は担保できない。そのような学習では、身に付けなければならないことを効率的に身に付けることができるが、それをどの場面で適用するのかを考えたり、新たな問題場面で自分なりの解決方法を考え出せたりする子どもは育てられないと考える。

解説編では、なぜ学習環境デザインの考え方が必要なのか、また国語科教育に学習環境デザインの考え方を導入した場合どのようになるのかを論じていく。

② 実証主義的学習観とは

実証主義（行動主義・客観主義）的学習観では、知識は人から独立した客観的なものとされる。この学習観について、秋田は次のようにまとめる。

> 学習とは刺激と反応の連合であり、経験による行動の変容であるとする考え方であり、経験による行動の変容であるとする考え方である。学習の基本は条件付け、人の場合には特に「道具的条件付け」と呼ばれるメカニズムで考える理論である。望ましい行動を学習させるには、ある一定の行動を行った時に報酬を与え強化を随伴させることで、その刺激と反応の連合を強めていく。また報酬を随伴させるのをやめることでこの連合を弱め、消去するという考え方である。類似刺激に対しても条件反応が起こるようにすることを「般化」、刺激の違いに対し異なる反応を形成することを「分化」と呼んでいる。この理論では、行動を反復し強化することが連合を強め学習を成立させると考える。したがって、単純な反復が推奨され、強化するためにはフィードバックはすぐに行うことが有効であり、結果の知識を与えることが重視される。授業でも、賞罰と学習意欲や自己効力感の関係や、反復練習による技能の習得などにおいて、この理論が基礎となり説明が発展して用いられてきている。ドリルやプログラム学習の基礎として理論化されている考え方である。行動主義理論では、人間は刺激の受け手として捉えられ、人の心の中はブラックボックスであると扱われてきた[i]。

つまり、行動主義では人間は刺激の受け手であること、結果の知識を与えることが重要であるとし、ドリル学習に一定の効果を与えてきたのである。

また久保田は以下のように客観主義をとらえる。

> これまでの教育理論は主に客観主義的な前提に立っていた。客観主義的な前提とは、知識を客観的に把握できる実体としてとらえ、知識の置かれている状況か

ら知識を分離した中で分析を加えることで構造を解明することができるという信念である。つまり知識構造を解明し法則化することにより効果的な学習方法を見付け出すことができるわけである。このようにつくり出された学習方法はどのような教育状況にも当てはめることができ、高い教育を生むと信じられていた[ii]。

　つまり客観主義では知識は客観的に把握できる実体であり、状況と切り離されたものとされる。このような客観主義パラダイムは、歴史的には産業革命とともに形成され、「工業化社会」の基本的な枠組みをつくってきた。いわゆる、近代合理主義的な考え方[iii]である。伊藤はこの動きを以下のように言う。

　心理学の歴史は、曖昧で「主観的」な要素を排除し、「客観的」なものを対象とすることで、物理学などの学問レベルに近付くために努力するという過程でもあった[iv]。その結果それで得たことも多かったが、失ったものも少なくなかった[v]。行動主義では心理学を厳密なものとし、学問レベルを上げるため、条件を統制し、実験を行い、研究をしてきたのである。

▶3 実証主義批判

　先に述べてきたように、心理学は学問レベルを上げるため、条件を統制し、実験室で実験を積み重ねてきた。しかし実験室と現場では動きは異なる。動物でも何もない檻の中の動きとジャングルの中の動きは異なる。このような考え方を生態学的アプローチという。やまだはウィレムズの言葉を引いて、生態学的アプローチの特徴を

a）人間行動は複雑なまま研究されねばならない、
b）その複雑さは、人、行動、社会的環境、物理的環境の関係システムにある、
c）このシステムはばらばらに理解することができない、
d）行動―環境システムは長い時間を経て変化する、
e）システムのある部分に加えた影響は全体に変化を与える、[vi]

と主張する。人間も同様で、行為は状況に依存していると考えられる。ルーシー・A・サッチマンは、状況的行為について次のように言う。

　　この用語は、すべての行為のコースは、本質的なあり方で、物質的・社会的な周辺環境（circumstances）に依存したものだという見方を強調する。その環境から離れて行為を抽象化したり、合理的プランとして行為を表現することを試みるのではなく、むしろこのアプローチでは、どのように人々が知的な行為を達成するために自分の周辺環境を用いるかを研究する[vii]。

　つまり学習の結果生み出された知識は状況と結び付いており、そこから抽出して抽象化するものではないという考え方である。また、ショーンは仮説・検証・一般化と

いう方法をもち、多くの分野で中心的な役割を果たしている実証主義を批判したうえでショーンは行為の中の知について以下のように提案する。

　　知的な実践を手段決定への知識の"適用"として考える「技術的合理性」のモデルはひとまずわきにおくこととしよう。そうすれば、ある種の知が知的行為の中に本来的に備わったものだという考え方は、何らおかしいものではない。常識でも、ノウハウというカテゴリーは認められるものであるし、ノウハウが行為の"中"にあるということは常識を拡大解釈することでもない[viii]。

　つまり知的行為は、抽象的な知識の適用ではなく、行為の中にこそ知は埋め込まれているのである。また知識を社会的なものとしてとらえる考え方もある。久保田は以下のように言う。

　　知識はそれ自体で意味があるのではなく知識が置かれている状況との関係性の中で意味をもってくる。このような知識観は、相対的な立場であり、置かれている社会、文化的状況により違う知識が構築されることを容認することである。知識は、世界の中に隠されている真実を発見し、個人の頭の中に蓄積することではなく、コミュニティの人たちの社会的相互作用の過程の中で構成していくものである。そのためコミュニティが違えば、そこには違った形の相互作用があり、違う知識が構成されるわけである[ix]。

　またレイブとウェンガーは

　　知識が「発見される」にせよ、他人から「伝達される」にせよ、あるいは他人との相互作用の中で経験される」にせよ、そのような知識が内化する過程を学習とみなしていた[x]。

　と批判し、学習を内化としてとらえるのではなく、実践共同体への参加の度合の増加[xi]ととらえている。

4　構成主義的学習観

　以上のような批判から、知識を客観的なもの、個人の中のものとしてとらえず、状況や行為の中にあるもの、社会的なものとしてとらえていく立場に構成主義がある。構成主義のパラダイムについて、久保田は客観主義と比較しながら、以下のように整理している。

客観主義
存在論：人間の外側に自然の法則にしたがう唯一の客観的「真理」が存在する。

認識論：もし自然法則によって作用する唯一の真実が存在するなら、知ろうとする主体は対象から離れて、調べたい変数以外の要因を制御し、実験や観察をする必要がある。

方法論：仮説を立て、条件を注意深く制御し、検証していく。

人間論：人間の行動も自然法則に従い、外部からの刺激がある行動に導かれる受け身な実体である。

|構成主義|

存在論：真理は多様である。それはそれぞれの人間の心の中で社会的、経験的な過程を通して形づくられるため、基本的に主観的である。

認識論：知る人と知る対象は分けることのできない同一の実体である。知識とはまさに2つの相互作用のなかで構成される。

方法論：知識は体験と内省の繰り返しの中で構成される。それは弁証法的な過程であり、比較したり、対比したりしながら行われる。

人間論：人間は自ら知識を構築するために、積極的に対象と関わる能動的な実体である。

　以上のような整理から考えると構成主義的な学習では学習者が主体的であり、経験と内省を経て知識は主観的なものとして形づくられる。学習者自らが環境とのやりとりにより世界へと関わる行動図式をつくり上げていくという考え方が構成主義[xii]である。このように実証主義的な教育観ではなく、構成主義的な教育観で授業を行うべきであると主張されている。

▶5 実証主義批判と21世紀型スキル

　21世紀型スキルは現在いろいろな研究者が重要性を主張している。その文脈はやはり実証主義批判である。例えばSawyerは、以下のように論じる。

　教授主義は、生徒を20世紀初頭の工業化経済に向けて教育することを意味していた。しかし、技術が複雑化し、経済競争が激化した今日の世界においては、生徒をこの新しい社会に参加できるよう教育することに失敗している[xiii]。

また21世紀型スキルの研究者、パトリック・グリフィンらも以下のように論じる。

　グローバル経済が物質的なものから情報とコミュニケーションの取引に変わっていくとともに、新しいスキルを教育する需要が高まり、農業時代から工業時代へシフトしたのと同じような次元で、教育の変化が求められるようになるでしょう[xiv]。

　このような考え方から新しい社会に対応する学力観が求められるようになった。それが21世紀型スキルである。21世紀型学力について21世紀型学力を最初に提案したPartnership for 21st skills（以下P.21）は「Learning and Innovation Skills」「Information, Media and Technology Skills」「Life and Career Skills」の3つを挙げている。「Learning and Innovation Skills」は学習スキルや新しいものを発見し、生み出すスキルであり、創造する能力、批判的思考力、問題解決能力、コミュニケーション能力、他者と協働する能力と説明されている。また「Information, Media and Technology Skills」は情報やメディアを読み解いたり、生み出したりする能力、ICTを使いこなす能力とされている。「Life and Career Skills」は変化を柔軟に受け入れる能力、自分で進路を決められる能力、多文化の人とも交流できる能力、困難があっても乗り越えてプロジェクトを達成する能力や、説明責任を果たす能力、リーダーシップ、責任感のことである（著者訳）[xv]。このように国語科の学習を通して、または国語科の学習の中で、このような能力も育てていかなければならない。このような能力はもはや教師主導の今までの授業では育てることはできない。教えるから学ぶへの教授学習パラダイムの転換[xvi]を行い、子どもが主体となった授業をしていく必要があるのである。

▶6 21世紀型スキルを育てる学習環境デザイン

　以上、実証主義批判から、構成主義的学習観や、21世紀型スキルについて論じてきた。これらが主張するような授業をするには、どうしたらよいのだろうか。Sawyerは、学習科学の概念から21世紀の学習では以下のような点が重要としている[xvii]。

① より深い概念的な理解を大切にする。
② 指導法だけではなく、学習に焦点を当てる。
③ 学習環境をつくる。
④ 学習者の既有知識に基づく環境。
⑤ 省察を促す。

　またTrillingとFadelは、21世紀型スキルを育てるためには、学習の規準と評価、カリキュラムと授業形態、教師の専門性、学習環境が大切である[xviii]と論じている。
　秋田も、教師は直接指導を行うだけでなく、学習環境をデザインし、そこで生徒が学習するために様々な役割を担うことになる[xix]と論じている。
　ここで論じられている学習環境にはICTなどのものが中心であるが、共同体や、学校文化など様々なものが挙げられている。しかしいずれにせよ、教師がどう教えるかではなく、子どもが主体的に活動していて、なおかつ子どもの有意義な学習が生起するような学習環境をつくっていくことが求められているのである。

▶7 学習環境デザイン

　以上のような立場に立つと、教師は学習者の主体性を尊重し、学習環境をデザインするという形で支援をしていくことが重要になってくる。

　学習環境という用語を定義している論考を見つけることはできなかったが、先行研究を分析すると、以下のように定義できるだろう。

> 　学習環境とは学習者が経験・内省のプロセスを通して、主体的に人工物（artifact）を結び付け、学習者が知識を構成することを支援したり、方向付けたりするように人工物を配置したもの

　ここでいう人工物とはものだけを指すのではなく、言語、知識、他者など学習者の意識に挙がったものを人工物（artifact）とする。つまり人工物を配置していくことが学習環境デザイン、支援となる。学習環境には「デザイン」という言葉が対応して使われる。その理由について美馬は以下のように言う。

> 　「デザインする」という活動には、必ずそこに目的があり、対象となる人がいます。デザインは人が媒介する活動であり、誰がやっても同じようにできる解の算出を目指す工学とは異質な要因をもっています。しかし、同時に芸術ほど属人的でもなく、一定の方法論は共有できる活動でもあります[xx]。

　つまり工学的な意味合いを嫌ってデザインという言葉を使っているのである。このような学習環境デザインを通して、学習者が主体的に知識を構成する支援を行うことが重要になってくる。学習環境をデザインするに当たって、美馬・山内は、活動、空間、共同体の3つの要素を挙げている。ここでは紙面の都合上要約して紹介する。

> 　活動（activity）で、最も大切なのは、学習が生起する可能性が高い濃密な活動のアイディアを用意することである。具体的には以下の3点である。まず、活動の目標が明確であること、次に、活動そのものに面白さがあること、3つ目は葛藤の要素が含まれていることである。活動がデザインできたら、次は空間（space）である。ポイントは以下の3つである。まず参加者全員にとって居心地のよい空間であること、2つ目は必要な情報やものが適切なときに手に入ること、そして3つ目は仲間とのコミュニケーションが容易に行えることである。最後に共同体である。共同体はコントロールしにくいが、3つの観点が挙げられている。まず、目標を共有すること、2つ目は全員に参加の方法を保証すること、3つ目は共同体ライブラリーをつくり、新参者が入ってきても学べるよう、資料を用意しておく[xxi]ことである。

　また久保田も学習環境デザインのガイドラインとして以下の8点を挙げている。

① 学習活動を実際に解決しなければならない問題として、より大きな枠組みの中に埋め込む。

② 学習者が問題や課題に主体的に取り組めるように支援をする。

③ 本物（authentic）の問題状況をデザインする。

④ 現実の複雑な社会状況を反映した学習環境と課題をデザインする。

⑤ 問題解決に向けて取り組んでいるプロセスを学習者自身が自分のこととして捉えられる環境をデザインする。

⑥ 生徒の学びの過程を支援し、多様なコミュニケーション・モードを活用する環境をデザインする。

⑦ 多様な視点を評価できる学習環境をデザインする。

⑧ 学習内容と学習プロセスの両方について内省する機会を用意する[xxii]。

　以上のようなことから考え、国語科教育ではどのように学習環境論を捉えていけばよいのであろうか。

❽ 学習環境論の国語科教育への導入

　国語科教育を学習環境論からとらえ直すと以下のようなことが重要となってくると考える[xxiii]。

8-1　学習観　具体的な言語活動

　学習者が主体的な活動を通して、人工物を結び付け、知識を構成していく過程を学習ととらえる。国語科教育であれば、目的のある言語活動を通して、言葉などの記号や、言葉の指し示す意味、他者や自分の学習経験などを結び付けたり、内省を行ったりすることである。

　読むことの学習でいえば、目的のない読み、客観的な読みなどはあり得ない。教師が「今日からごんぎつねを読みましょう」などと言って、学習者はわけがわからないまま読み始めるような学習では、学習者の主体性がなくなってしまう。

　学習環境論の学習は、学習者の主体性が前提であるので、テクストは学習者が学習のリソースとして選び出すものとなる。先に教材があって学習が始まるのでは学習環境論の学習にはならないし、深い概念理解には達することも、自分なりの読む方略を身に付けることも難しい。しかし学習者が読みたいものを読みたいように読んでいても有意義な学習が生起する可能性は少ない。

　そこで学習環境が重要になってくる。学習が生起するような活動を子どもがしたいと思うよう、教師が学習環境を整える必要がある。大熊の言う０次[xxiv]はその１つの方向性を示している。０次で有意義な言語活動を子どもがしたくなるよう、教師は学習環境をデザインしていくことが重要である。

8-2　知識観　構成された意味

　学習環境論で考えられる知識は客観的で可能なものではない。だからどのような目

的でも使える言語技術は存在しないとされる。また教室の中での閉じられた学習では意味がなく、学習者の活動や問題を教室より大きな枠組みの中に組み込むような学習過程が必要である。また知識は1人の頭の中にある記憶ではなく、他者と協働したり、リソースを用いながらつくり出されたりしたものとされる。

　書くことの学習でいえば、いろいろな状況、目的、相手によって表現方法、内容を考えることだけではない。大熊の言うような活用[xxv] 場面を設定することで、学習を教室の中で終わりにするのではなく、実生活で活用してみることで、個人や共同体でつくり出された意味を、記号にしていくプロセスを活用として考えることができるであろう。

　当然そのプロセスで得られた知識は客観的で万能なものではなく、状況に依存している。したがって目的や状況のない書く活動は知識を生み出すことにはつながらない。当然いろいろな状況で書く活動を行うことで、その異同を考えたりするメタ的な知識をもつことができ、ほかの場面で活用できるのではないかという反論もあるだろう。メタ的な知識を得るためには状況のある経験を積み重ねることが必要であるし、そうやって得られた知識は他の場面で使える技能をもっているというよりは、ほかの状況で新たな活動をつくり出せる思考力をもっていると捉えるべきであろう。

　また学習環境論から考えれば、資料や話し合いで得られた他者の意見と組み合わせていくことが重要であるし、それが容易にできるよう、学習環境をデザインしていく必要がある。

8-3　評価観　主体的な省察

　学習環境論では、学習を経験と内省の繰り返しによって構成されると見る。そのため内省が欠かせない。内省がなければ、ただの経験になってしまう。自分がいったい何を学んだのか、その内容面、方法面で振り返ることが重要である。言語活動全体を通して、または毎時間、学習者が主体的に自分の活動を振り返るような学習環境をデザインする必要がある。また当然自分の活動を自分で評価するだけではなく、友達との相互評価、教師による評価も主体的な振り返りの支援として取り入れていく必要があろう。

　また子どもが自分の言語活動を振り返りやすくするような環境デザインも学習環境デザインに入る。その際も客観的な知識を記憶したかどうか、テストで点数がとれたかという振り返りではなく、あくまで活動を通して、自分が何を学習したのか、自らが振り返るようにすることが大切である。そのため1つの抽象的で客観的な能力を目標として明確にし、それを効率よく習得することを目指すプログラム的な学習ではなく、活動を通して、固有で、多様な学びを生み出すプロジェクト的な学習[xxvi] が求められている。

8-4　共同体としての学習

　学習環境論では、学習は個人の頭の中で行われるものではなく、他者とつくり上げていく。実際の社会でも一人で行動することはまれで、組織の中で思考し、活動して

いくことが重視される。子どもたちにも一人で作業させることだけでなく、友達と学び合えるよう学習環境をデザインしていく必要がある。

それは学習環境論では、個人が主体的に共同体の中で知識を構成していくと考えられているからである。子どもは複数のコミュニティに属しており、同じクラスという面では同じ共同体にも属しているが、家庭という面ではそれぞれ違うコミュニティにも属している。そのため自分の属しているコミュニティの考え方と他者が属しているコミュニティの考え方が異なることが出てくる。その違いを排撃し合うのではなく、違いを受け止め、多様な視点で物事を見られるようにすることが大切である。

例えば相手を説得するために意見文を書くという活動の中で、説得するためのポイントは人によって違うことが予想される。幅広い視点で考えられるようにすることが必要である。

9 結語

以上、学習環境デザインを導入すると国語科の授業がどのように変わっていくのかについて論じてきた。学習環境デザインは、単なる授業方法の変容ではない。知識観、学習観、評価観など大きなものの見方の変容を伴うものである。そのためまだ、考えなくてはならない課題がいくつか残っている。その課題についてふれて、まとめとしたい。

1つ目は学習環境デザインで行った学習が他の場面で本当に活用できるのか、という課題である。子どもはデザインされた学習環境の中で、問題を発見し、解決する。しかしそれは問題が生まれやすい環境の中でのことであり、それが実生活で本当に問題を発見し、解決することにつながるのかどうかという疑問が残っている。それは問題解決能力にとどまらず、話す・聞く能力、書く能力、読む能力などについても同様である。教師がデザインした学習環境の中でしか学習できないのではないか、という批判が予想できる。しかし、それは知識や能力を個人の中に閉じ込めて考える知識観ではないだろうか。どこかに知識を一般化してほかの場面に当てはめるという知識観が残っていないだろうか。人間の行為は状況的な行為であり、環境との相互作用の中で行為は行われる。環境との相互作用の中で自ら問題を発見し、解決する思考力を育てることで、新たな状況にも対応できる子どもを育てることになると考える。その能力こそ変化の大きい時代といわれる21世紀を生き抜くのに必要な能力といえるだろう。

しかし、その思考力という考え方も、個人の中にあるという前提が残ってしまっている。しかし明らかに問題解決がスムーズな子どもとそうでない子どもも存在する。今後も能力というものをどうとらえていくのか考えていく必要があるだろう。

2つ目は評価の問題である。子どもは集団で活動するので評価はどうするのかという問題がある。グループという集団全体で評価するのか、それともそのグループの中で個人がどのような役割を果たしたのかで評価するのか、またどちらでもない道をとるのか考える必要がある。PISA2015 も collaborative problem solving skills[xxvii]（協働問

題解決）を挙げ、その中に、共通理解をつくり出したり、維持したりする能力、問題
解決のために適切な行動をとる能力、組織をつくり出したり、維持したりする能力と
いうコンピテンシーが含まれている。集団での評価をこれからどうしていくのかも今
後の課題である。

　３つ目はICTの発達についてである。ICTを今回学習環境デザインの要素として組
み込んできた。当然ICTがあったから子どもの学習が深まったと単純化していうこ
とはできない。しかし、ICTの影響がなかったともいえない。ICTを教師や子どもが
使うことを通して、思考に集中できるようになり、その結果学習が深まるということ
は考えられる。しかしその一方でICTは人間の思考にも大きく影響を与えている。
例えばコンピュータを用いて書くことで、子どもは文章を直しやすくなると感じ、直
すことを前提で文章を書くことになる。最初に構成をしっかりと考えなくても書きな
がら直して書くことができるからである。ICTの役割についても今後考えていく必要
があるだろう。

i　　秋田喜代美「学習の理論と知識社会の学校教育」『授業研究と学習過程』（放送大学教材　2010）p.16

ii　　久保田賢一『構成主義パラダイムと学習環境デザイン』（関西大学出版部　2000）p.21

iii　　同注2　p.41

iv　　伊藤哲司「現場への誘い」『現場心理学の発想』（やまだようこ　新曜社　1997）p.9

v　　同注4　p.20

vi　　やまだようこ「モデル構成をめざす現場心理学の方法論」『現場心理学の発想』（新曜社　1997年）p.168

vii　　ルーシー・A・サッチマン　1987『プランと状況的行為』佐伯胖訳（産業図書　1999）p.49

viii　　ドナルド・ショーン　1983『専門家の知恵』佐藤学　秋田喜代美訳（ゆみる出版　2001）pp.78-79

ix　　同注2　p.57

x　　ジーン・レイブ　エティエンヌ・ウェンガー　1991『状況に埋め込まれた学習』佐伯胖訳（産業図書　1993）p.22

xi　　同注9　p.25

xii　　同注2　p.17

xiii　　R.K. ソーヤー編　森敏昭・秋田喜代美監訳『学習科学ハンドブック』培風館　p.1

xiv　　P. グリフィン、B. マクゴー、E. ケア　編　三宅なほみ監訳　益川弘如　望月俊男　編訳『21世紀型スキル　学びと評価の新しいかたち』北大路書房　p.3

xv　　Bernie Trilling & Charles Fadel（2009）*21st century skills, Jossey-bass*, pp.45-86

xvi　　溝上慎一『アクティブラーニングと教授学習パラダイムの転換』（東信堂　2014）p.33

xvii　　R.K. ソーヤー　『学習科学ハンドブック』森敏明 秋田喜代美翻訳（培風館　2009）pp.1-2

xviii　　Bernie Trilling & Charles Fadel（2009）*21st century skills, Jossey-bass*, pp.139-145

xix　　同注1　p.22

xx　　美馬のゆり　山内佑平『「未来の学び」をデザインする』（東京大学出版会　2005）pp.191-192

xxi　　同注14　pp.195-203

xxii　　同注2　pp.65-70

xxiii　　一見学習環境論と以前から行われている単元学習は似ている。日本国語教育学会で単元学習を「一人ひとりの学習者が、目あてをもって主体的に取り組む、言葉の生活に根ざしたひとまとまりの学習」（大内敏光「「単元学習の在り方」を問う」『月刊国語教育研究』No.480　日本国語教育学会　2012　p.3）を提言しているなど、共通点も多い。明らかに異なる点としては、学習環境論は知識を客観的なものではないとしているところである。単元学習では知識を系統的なものとして教えてきた歴史がある。例えば大村は、「話すこと」の学習における系統目標を1、対話2、会話3、独和4、問答5、討議（司会）6、討

論という 6 段階を設定し、それぞれに 3 段階の下位目標を設定している。（大村はま『大村はま国語教室第 2 巻』筑摩書房　1983　p.75）

xxiv　大熊は「導入の前に、子どもたちに課題意識や興味・関心を十分に醸成する時間をとりたい。さらに言えば、子どもの捉えた課題意識なり興味・関心なりが抽象的なものではなく、子どもを取り巻く現実生活の中からのものであることが望ましい」と 1 次の前に 0 次を置くことを主張している。（大熊徹「学習指導過程の発想の転換」『教育科学国語教育』No.692　明治図書　2008　p.9）

xxv　大熊は、「学習のゴールである「活用」が子どもたちの課題意識や興味・関心と直結するものであるならば、また魅力的でありかつ必然性のあるものならば、子どもたちは自ずと主体的に意欲的にかつ自信をもって学習活動を展開するのである。」としている。（同注 24　p.10）

xxvi　イタリアの小さな村レッジョ・エミリアの教師たちは、行動主義に基づいた、決まった内容を効率よく教えるプログラム学習に対し、子どもと共にその場で考えながら作っていくような授業をプロジェクト学習と呼び、推奨している。編　C. エドワーズ、L. ガンディーニ、G. フォアマン　1998『子どもたちの 100 の言葉』佐藤学　森眞理　塚田　美紀　訳（世織書房　2001）p.133

xxvii　http://www.oecd.org/pisa/pisaproducts/Draft%20PISA%202015%20Collaborative%20Problem%20Solving%20Framework%20.pdf

▶ おわりに

　この学習環境デザインは、著者が突然思いついた考え方ではない。いろいろな方に導かれて作り上げたものである。東京大学の秋田喜代美先生から初めて学習環境デザインという言葉を教えていただいたのは学生時代であった。そのときは、特に気にならなかったのだが、授業を考えていくうちに、学習環境デザインこそが重要だと考えるようになった。

　そう考えるようになったのは、著者の周りにいた先生方のご指導のおかげである。著者の大学院の指導教員であり、研究室を受け継がせていただいた大熊徹先生の0次、実の場における活用といった考え方はまさに学習環境デザインの「こと」デザインにあたる。また大熊先生からは子ども主体で学ぶことの大切さ、実感をもって言葉を使うことの重要性を教えていただいた。また文部科学省教科調査官の水戸部修治先生からは言語活動の重要さを教えていただいた。これも学習環境デザインの「こと」にあたり、子どもの主体性を重視するお考えであった。

　このような先生方に導かれたのであるから著者が学習環境デザインという考え方にたどり着いたのは必然であっただろう。

　また著者は仲間にも恵まれた。東京都小学校国語教育研究会の書くこと部の先生方、多摩小国研の先生方とは共に授業を考え、授業をしてきた。また附属学校の先生方とは実践について議論し合い、共に高め合ってきた。そのような場があったからこそ、著者は授業に対して真剣に向き合うことができたと考えている。他にも大学院の先輩、仲間、後輩、学生の皆さんとは授業について語り合ってきた。そこで得た刺激は実践を考えるエネルギーとなった。

　それから、誠文社ベネッセホールディングス、理想教育財団、LEGOエデュケーションの方々はいろいろな新しい教材を提案してくださり、実験授業をすることができた。これは学習環境デザインの「もの」にあたる。このようなサポートが合ったのも著者の実践の大きな助けとなった。

　最後に著者にいろいろなことを教えてくれた今まで担任した子どもたちに感謝する。子どもたちの素敵な学びに著者は教師であることを忘れて観察してしまうことが多くあり、毎回楽しく授業ができた。このような素敵な子どもたちがいたからこそ著者は授業研究を楽しみ、続けることができたのである。授業を毎日できなくなったのは残念であるが、また機会を見つけて授業をしていきたいと考えている。

　本書の刊行にあたり、企画の始めの段階から、編集、完成に至るまで、東洋館の西田亜希子氏には大変お世話になった。この場を借りて深くお礼申し上げる。

2016年4月

著者

▶著者紹介

細川 太輔

1978 年東京都生まれ。東京学芸大学准教授。東京大学教育学部卒、東京学芸大学連合大学院修了。教育学博士。私立小学校教諭、東京学芸大学附属小金井小学校教諭、東京学芸大学講師を経て、現職。

主な著書に『国語科教師の学び合いによる実践的力量形成の研究―協働学習的アクション・リサーチの提案―』（ひつじ書房、2013 年）、『書くことの言語活動 25 の方略』（代表編者、教育出版、2014 年）『シリーズ国語授業づくり　単元を貫く学習課題と言語活動』（編著、東洋館出版社、2015 年）がある。

主体的・協働的な学びを引き出す学習環境デザイン
「こと・もの・ひと」3つの視点でデザインする
国語授業アイデア 23 CASES

2016（平成 28）年 5 月 8 日　初版第 1 刷発行

著　　者：細川　太輔
発 行 者：錦織　圭之介
発 行 所：株式会社　東洋館出版社
　　　　　〒 113-0021　東京都文京区本駒込 5 丁目 16 番 7 号
　　　　　営業部　電話 03-3823-9206　FAX 03-3823-9208
　　　　　編集部　電話 03-3823-9207　FAX 03-3823-9209
　　　　　振替　00180-7-96823　URL http://www.toyokan.co.jp
印刷製本：藤原印刷株式会社

ISBN978-4-491-03225-2　　Printed in Japan